ROCKING ALL MY DREAMS

PAULO BARON ROJO

Editora Verso

Editora Verso
© 2019. Editora Inverso

R. Clóvis Bevilaqua, 352 – Cabral – Curitiba-PR
80035-080 – Tel.: (55 41) 3254-1616 – 3538-8001
editorainverso@editorainverso.com.br
www.facebook.com/editorainversoo
www.editorainverso.com.br

Coordenação editorial
Cristina Jones
Editora InVerso

Capa
Adriane Baldini

Fotos capa e contracapa
Clovis Roman dos Santos

Textos
Paulo Ernesto Baron Rojo
Emerson Cristis Anversa

Design caderno de fotos
João Duarte
Acervo pessoal Paulo Baron

Revisão e projeto gráfico
Carlos L. W. Jorge

Dados internacionais de catalogação na publicação
Mona Youssef Hammoud – CRB/ 9ª -1393

R743r   ROJO, Paulo Ernesto Baron. **Rocking All My Dreams.**
Curitiba: InVerso, 2019.
222p. 21x15 cm – PTBR

ISBN: 978-85-5540-168-8

1. Literatura brasileira. 2. Música. 3. Rock.
4. Empresário musical. 5. Biografia I. Título

CDD. 928.31

Ao adquirir um livro, você está remunerando o trabalho de escritores, diagramadores, ilustradores, revisores, livreiros e mais uma série de profissionais responsáveis por transformar ideias em realidade e trazê-las até você.

Todos os direitos reservados. É proibida a reprodução total ou parcial, de qualquer forma ou por qualquer meio. A violação de direitos do autor (Lei 9.610/98) é crime estabelecido pelo Art. 184 do Código Penal.

PRÓLOGO

— Garotinho! Queria contar a minha história e gostaria que você escrevesse. Quero lançar meu livro!
— Eu?! Você conhece tanta gente, não seria conveniente buscar alguém especializado em biografias? Algum jornalista...
— Realmente, conheço muita gente, porém gostaria que fosse você! Por ser meu amigo, acredito que entenderá melhor aquilo que quero dizer. Amigos podem fazer uma leitura diferente de nossas almas, não só de forma técnica, mas principalmente com o coração.

Essas palavras não foram muito bem compreendidas por mim, que estava fixado apenas nos aspectos técnicos. Algo desse porte requer um comprometimento e uma capacidade além do normal. Pensei comigo: "Ele irá mudar de ideia!" Obviamente não mudou. Irredutível, me disse: — Quando podemos começar?

Usando os grandes feitos de meu amigo como inspiração, aceito o convite, e eis-me aqui, tendo a honra de contá-los.

Durante todo o processo desta obra me vi participando de forma intensa, mergulhado em cada sentimento, em cada passagem. Impossível estar alheio, pois a entonação de voz e as expressões faciais do Paulo refletiam seu universo de forma viva. Gradativamente fui percebendo que era muito fácil captar todas as emoções. A sintonia sempre fora natural, e assim acabei entendendo o real sentido do que ele havia dito lá atrás, quando me chamou a este projeto. Os verdadeiros amigos realmente podem fazer uma melhor leitura de nossas almas. Isso é fato, mesmo quando estamos no mais completo silêncio. Obrigado pela reciprocidade. Serei sempre grato pelas grandes riquezas que esta amizade me proporciona. Além da irmandade, compartilhamos também o amor incondicional pela música. Essa dádiva intensifica cada emoção, cada momento que celebramos, seja em um brinde, em um show ou escrevendo estas páginas.

Assim sendo, creio ter transferido ao papel um pouco do universo, da memória e da alma de meu amigo Paulo Baron. Que estas linhas reflitam cores, sons, lágrimas, suor, esperança, desejo, paixão, persistência, coragem, amor, amizade e música, muita música. Que possam conduzi-los ao *backstage,* ao palco, a um show, em meio a uma plateia extasiada. Que estas linhas singelas, porém verdadeiras, possam nos projetar a um camarim, junto aos nossos artistas prediletos. Ouso sugerir que, além de mostrar o seu trabalho, Paulo presta uma bela homenagem ao verdadeiro fã do rock, aos músicos que embalam nossos sonhos e são essência real de tudo isso, aos profissionais que estão atrás do palco, anônimos guerreiros que nos garantem a realização do espetáculo.

Meu muito obrigado ao Paulo e à Deyse, profissionais e amigos que nos brindam com suas ricas experiências de vida, e consequentemente apresentam a imponência da Top Link e os esforços de todos os seus colaboradores. Sou grato também aos meus familiares pelo grande apoio, algo fundamental para que eu pudesse concluir este trabalho.

Acima de tudo, caros leitores, que estas páginas possam ajudá-los a voar alto e mostrar que os nossos desejos podem perfeitamente se tornar realidade.

Emerson Cristis Anversa

PREFÁCIO

Kiko Loureiro

A sensação de estar nas pirâmides mexicanas dos Teotihuacán é indescritível. Quem já teve a oportunidade de ir a esse monumento da humanidade provavelmente sabe do que eu estou falando. Ainda mais para quem aprendeu na escola que o berço da civilização fica emoldurado nas linhas do cristão, greco-romano, presenciar as construções de outra civilização avançada, a civilização asteca, de que pouco falamos, é uma experiência que dá um certo nó na cabeça. A minha primeira ida ao México foi inesquecível, a ponto de, sempre que algum fã ou jornalista pergunta "Qual show e país que mais te marcaram?", a resposta sempre é México e Japão. Dois lugares que transformaram minha visão de mundo, mesmo tendo visitado tantas outras culturas ao longo da minha carreira.

Essa minha primeira ida ao México foi promovida e organizada por um mexicano que na certa leva dentro dele o poder asteca de deixar um marco inesquecível na vida de qualquer um: Paulo Baron. Na época, foi o promotor dos primeiros shows do Angra no México, na turnê do álbum Fireworks, em 1999.

Vale ressaltar que promotor de show em geral é uma pessoa que não convive muito com uma banda ou artista. O promotor lida diretamente com o empresário da banda, pois é ele quem compra o show e faz o evento pontual, e por isso na maioria das vezes a banda nem sabe direito quem é o promotor. Mas, no caso do Paulo Baron, obviamente isso não aconteceu e continua não acontecendo. Nessa primeira viagem do Angra ao México, Paulo atuou como promotor, embaixador do México (eu ia colocar guia turístico, mas achei que embaixador tem mais a cara do Paulo), enaltecendo a beleza cultural mexicana, e em poucos dias tornou-se melhor amigo da banda. Saí daquela viagem tendo visto em poucos dias não só as pirâmides, mas também a festa da independência mexicana, com direito a tacos na rua, Mariachis e a multicolorida cultura mexicana, tudo sob o festivo trato do nosso já amigo Baron. Minha volta ao Brasil foi carregada de enfeites, suvenires e tequilas, que precisaram de uma mala extra e que ainda enfeitam a minha casa, e mais que isso: enfeitam minha memória para sempre.

Acredito que o Paulo tivesse o mesmo carinho pelo Brasil, pois mudou-se para Curitiba. Com o passar dos anos, vi à distância como o Paulo e sua empresa, a Top Link, traziam grandes bandas e criavam festivais. Tornou-se um promotor referência no Brasil e na América Latina, e coloca a banda Shaman no seu ápice com seu talento como empresário.

Eu via de longe, escutava falar — o mercado do show biz murmurava constantemente os feitos do mexicano radicado no Brasil. Onde ele colocava a mão, a coisa dava certo, ia para a frente. Diziam que ele não era fácil de lidar, mas era divertido de estar ao seu lado... Se imaginarmos as turbulências econômicas e cambiais, além das modas musicais, que não privilegiam quem trabalha com rock, por que o Brasil tem passado desde 1999, ser promotor de shows de sucesso não é tarefa para qualquer um. Talvez tenha que ter sangue de guerreiro asteca mesmo.

Com pensamento vitorioso, sonhos grandes, e um senso de que tudo é possível se planejar e trabalhar duro, Paulo conquistou o Brasil e a América Latina promovendo shows e festivais.

Em 2012, o Ricardo Confessori, baterista do Angra na época e amigo próximo do Baron, comentou em um jantar que o Paulo estava com vontade de empresariar uma banda novamente, assim como tinha feito com o Shaman dez anos antes. Vale lembrar que o Baron tinha em 2012 uma imagem de "sonho de consumo" para qualquer banda de rock que precisasse de um empresário. Como ele fazia grandes shows e transformava ideias em eventos que davam certo, qual banda não gostaria de ter um empresariamento desses?

Eu não esperei, e assim que possível liguei para o Baron. O Angra passava uma fase em que estava sem empresário e precisava de um norte. Me lembro de que a ligação, que era para ser breve, durou mais de uma hora, enquanto eu perambulava pelo aeroporto de Recife. Aquele Paulo Baron que encantou em 99 mais uma vez estava presente ali ao telefone.

Eu imagino que quem não está no ramo da música enxerga um empresário como um vendedor de shows, que pega uma comissão de tudo que um artista pode vender. A realidade é que a maioria dos empresários é assim mesmo. Porém, um verdadeiro empresário, aquele que raramente encontramos, é alguém que vai muito além disso. Nesse telefonema e em algumas reuniões, vi o Paulo como um desses raros empresários que vai além do intermediário.

O Paulo se coloca como um membro da banda. É um *Rock Star* (na certa que ele vai gostar mais de ser chamado *rock star* do que de embaixador). É artista, sonhador, com ideias malucas, projetos insanos, levando sempre à risca o mote: "se é para voar, que alcancemos as estrelas". É certo que toda banda tem seus artistas, sonhadores, mas é aí que entra a diferença de um empresário de elite como o Paulo: o que ele sonha, ele executa. Sai do imaginário e vira real. A banda sonhadora vira uma banda visionária. É quando o impossível vira real, e ainda gera lucro para sustentar artista e banda — e o Paulo, é claro!! — bem como os próximos saltos, que serão evidentemente ainda mais altos.

A prova de como o Paulo é artista e executor é fácil de encontrar nos videoclipes das bandas com que trabalha, que ele organizou e viabilizou logística e financeiramente, e até fazendo ponta de ator (afinal, um vilão mexicano cai bem em qualquer história).

O Paulo, com sua mentalidade de vencedor, vindo do México, com dificuldades muito semelhantes às do Brasil, formou-se lá e se estabeleceu no Brasil, venceu, entrou num mercado de gigantes, trabalhou com as maiores bandas e músicos de rock que conhecemos. Cativou, com seu jeito mexicano-louco-com-suingue-bazuca, europeus e americanos. Deixou o circuito de shows da América Latina mais profissional e coeso, e alavancou as bandas em que ele colocou sua mão e sua inteligência.

Hoje o Paulo é aquele que, quando tenho alguma dúvida na carreira, é o primeiro (na real, o único) a quem ligo e peço bênção e conselhos.

Lá na cidade de Teotihuacán, a maior e mais impressionante pirâmide é a Pirâmide do Sol, onde os locais e os turistas vão se carregar de energia no topo, depois de subir 250 degraus. Da mesma forma como o Paulo Baron carrega de energia os shows, os festivais, as bandas, os artistas com quem trabalha, tenho certeza de que este livro vai te inspirar e te energizar para você também conquistar o teu sonho mais impossível.

SEGUNDO PREFÁCIO

Dee Snider

O que me diz quando estou fazendo um show e olho para o lado do palco e vejo o promotor do meu show — um dos maiores promotores de shows na América do Sul — se divertindo como um adolescente e cantando junto cada música?

Um homem que promoveu mais de 10.000 concertos em 30 anos?

Isso me diz que ESSE é um homem que AINDA ama e aprecia o seu trabalho.

Esse é um homem que é verdadeiramente grato pelo que o artista dá.

Um verdadeiro fã da música que ele ama. Esse é um homem que sabe que é abençoado por estar vivendo um sonho e é grato por ele — um sonho ao qual ele dedicou sua vida.

O seu sonho.

Esse é Paulo Baron: Promotor de Rock, apoiador do Rock que acredita no Rock... e um verdadeiro fã de Rock!

Obrigado, Paulo, por 30 anos de amor que você mostrou para todos nós.

How long I have wanted
This dream to come true
And as it approaches
I can't believe I'm through

I've tried, oh,
How I've tried
For a life, yes a life
I thought I knew

Oh it's the price we gotta pay
And all the games we gotta play
Makes me wonder if it's worth it to carry on
'Cause it's a game we gotta lose
Though it's a life we gotta choose
And the price is our own life until it's done

Quanto tempo eu quis
Que esse sonho se tornasse realidade
E à medida que se aproxima
Não acredito que eu esteja pronto

Eu tentei, oh
Como eu tentei
Por uma vida, sim, uma vida
Que eu achei que conhecia.

Oh, esse é o preço que temos de pagar
E todos os jogos que temos de jogar
Me faz pensar se vale a pena continuar
Porque esse é um jogo que nós temos de perder
Embora seja uma vida que temos de escolher
E o preço é nossa própria vida até que isso termine

Twisted Sister — The Price

ROCKING ALL MY DREAMS

Paulo Baron Rojo

Boy, don't you worry, you'll find yourself
Follow your heart and nothing else
And you can do this, oh baby, if you try
All that I want for you my son, is to be satisfied

Garoto, não se preocupe, você vai se encontrar
Siga seu coração e nada mais
E você pode fazer isso se tentar
Tudo que eu quero pra você, meu filho, é que esteja satisfeito

Lynyrd Skynyrd — Simple Man

VERÃO DE 1977, GUADALAJARA, MÉXICO. Por volta de meio-dia, o sol ardia impiedosamente. Adentro o recinto vazio, mas a pessoa que eu procurava ali já não estava. Em seu lugar, apenas o aparelho de som, um rádio — um curioso e moderno aparelho para os padrões da época.

Naquele momento, meu espírito curioso me levou a manuseá-lo instantaneamente, mesmo sem jamais sonhar com a possibilidade de fazê-lo. Lembro-me de mexer nos botões, e, depois de fracassadas tentativas, eis que consigo sintonizá-lo... Bum! Fui arrebatado! Três passos para trás, olhos arregalados, retorno ao aparelho, aumento o volume, e uma energia indescritível toma conta de todo o meu corpo. Automaticamente começo a dançar e pular como louco. Fui dominado... Espasmos! Meu corpo se mexe de forma involuntária, as ondas sonoras me conduzem...

Fim da melodia, o locutor interrompe meu ritual de iniciação, mas apenas por enquanto. Desligo o aparelho e deixo o recinto. Saio como toda criança travessa, sorrindo, mas tentando não deixar rastros.

No dia seguinte, ao acordar, ainda ostentando a magia do dia anterior, retorno à cena do crime — não poderia deixar de fazê-lo. Buscando a mesma música, a causadora de meu arrebatamento, desfiro meus dedos sobre o *dial*. Busco freneticamente a mesma melodia, mas sem sucesso. O ponteiro dançava de um lado para o outro. Irritado, quase desistindo de minha busca, encontro um som que aos meus ouvidos parecia similar ao do dia anterior. Tempos depois, fico sabendo que as músicas que eu havia escutado naqueles dias eram Whole Lotta Love, do Led Zeppelin, e Jailhouse Rock, do Elvis Presley.

Tive uma infância feliz. Sou o primogênito de uma família composta por quatro irmãos, gerados por pais que se casaram muito jovens. Cada um exerce uma função de trabalho na família, visto que éramos muitos e com poucos recursos. Aos sete anos, comecei a trabalhar. Pela manhã, cuidava de meus irmãos, e quando possível ia à rua para lavar alguns carros e garantir alguns trocados. À tarde, ia à escola com minhas irmãs. Meu pai, após o seu turno de trabalho, nos buscava na escola e nos levava para casa. Logo em seguida nos reuníamos todos à mesa para uma sagrada refeição, como uma verdadeira família. Tão breve terminávamos, meu pai rapidamente dirigia-se à faculdade, para concluir seus estudos.

    A importância do estudo na vida de meus pais sempre foi um exemplo para mim, algo extremamente importante para minha construção profissional e pessoal. Tanto esforço e dedicação por parte deles não poderiam passar sem meu reconhecimento. Realmente foram e ainda são uma inspiração. Com o passar do tempo, meu pai tornou-se um escritor, e com os frutos de seu trabalho comprou uma impressora e começou a produzir seus próprios livros. Toda a família estava envolvida nesse processo. Logo em seguida, meus pais montaram uma escola, que funcionava no mesmo lugar onde morávamos. A casa era composta por três pavimentos. Na garagem produzíamos os livros, no andar de cima ministravam-se as aulas: numa sala, minha mãe, na outra, meu pai. Na recepção estava uma de minhas irmãs, e a outra, a caçula, era responsável pela venda dos livros. Nesse instante, eu cuidava de meu irmão menor, recém-nascido. Ao término da aula, minha mãe descia rapidamente para amamentar meu irmão, e eu subia para a cafeteria e assumia meu posto de vendedor de salgados. Dessa forma, fomos gradativamente crescendo.

    Com o intuito de ampliar seus horizontes profissionais, meus pais fizeram uma viagem ao Peru e a Santa Cruz, na Bolívia. Toda a família acompanhou a jornada, e aproveitamos a estada para visitar alguns parentes, dos quais um, chamado

Chicho, era um dos poucos, possivelmente o único, roqueiro da cidade. Vale lembrar que Santa Cruz é uma cidade de clima tropical onde predominam ritmos latinos. Esse tio maluco, em meio a todo aquele clima caribenho, pintava os olhos como um verdadeiro britânico da cena pós-punk. Nem preciso dizer que a maquiagem durava apenas alguns minutos, pois obviamente, em virtude do calor, derretia-se como manteiga em uma frigideira quente. Essa figura também teve um papel importante em minha cultura musical, pois, ao enclausurar-me por algumas horas em uma sala, com um som extremamente alto, mostrava-me Alice Cooper, Kiss, Blondie, The Cars...

Depois de vários dias felizes em Santa Cruz, pude retornar ao México, levando comigo um pouco mais de criatividade e aprendizado.

O tempo passa e, aos 12 anos, me vi pela primeira vez em uma escola particular. Nosso mundo de conquistas se fazia rapidamente, e por meio do trabalho conjunto, galgávamos nosso lugar ao sol.

Em um piscar de olhos, me vejo em 1982. Def Leppard, Van Halen, Scorpions, Ozzy Osbourne, Mötley Crüe alimentavam a loucura e a fome da alma dos jovens. Nesse período tive meu primeiro contato tangível com meus sonhos. Em um dos cursos ministrados pelos meus pais, entre um grupo de pessoas da cidade de Tijuana, cidade fronteiriça entre México e EUA, estavam presentes os integrantes de uma banda punk rock, os quais foram precursores do estilo nessa região. A banda chamava-se Black Market. Ouvi coisas incríveis sobre o universo da música, e através deles pude conhecer bandas como Ramones, Sex Pistols, The Clash e Stray Cats. Como se não bastasse, os integrantes do Black Market me presentearam com sua primeira demo. Inclusive, uma das músicas desse disco, Sobrevivire, iria se tornar, em 1985, o primeiro videoclipe de uma banda latina americana. Antes de meus novos amigos retornarem à sua cidade natal, me presentearam também com uma guitarra elétrica, que, aliás, nunca aprendi a tocar, pois nunca tive afinidade com instrumentos musicais. Minhas habilidades com a música iriam se desenvolver de outra forma.

Querem saber de uma coisa engraçada? Pois bem. Sem camisa, na sacada de minha casa, desferia notas selvagens sobre a referida guitarra e, com postura de um verdadeiro *rock star*, acompanhava o som que saía da vitrola. Fico pensando sobre o que as pessoas imaginavam vendo aquela curiosa e cômica cena. Respondam-me os amantes do rock: quem nunca fez isso? Lembro-me de na época ter acompanhado o Black Market em um show de rock progressivo de uma banda chamada Chac-Mool. Também fomos a um show do Sombrero Verde, banda que começava a despontar no cenário local, e que mais tarde se tornaria conhecida mundialmente com o nome de Maná.

ESPANHA

Ano de 1984, Espanha. Um país ainda se recuperando da opressão franquista (regime que se iniciou em 1936 e terminou perto de 1977). Ferviam em cada esquina ânsias de liberdade econômica e cultural, na qual a Espanha tentava ressurgir, assimilar as mudanças internas e externas, deglutindo rapidamente a transição, mesmo sem ainda compreender efetivamente. Por ironia do destino, por parte de mãe, sou descendente da família Franco e Rojo. Vale lembrar que os Rojos lutaram contra Franco, e, assim, meus antepassados acabaram sendo exilados na América Latina. Em 2 de julho daquele ano, Diego Armando Maradona estava no aeroporto de Barcelona, prestes a deixar a cidade. No mesmo saguão de desembarque, eu e minha família, vindos do México, nos encontrávamos perdidos em meio a toda aquela efervescência.

Dentro de mim, um vazio gigantesco. Acabava de deixar o México. Para trás ficaram entes queridos, pertences, sonhos, pequenas e grandes conquistas de um adolescente. Uma viagem sem volta, eis um dos motivos da edificação desse buraco negro. Na mala, meu elo com tudo o que eu tinha de mais precioso, uma fita cassete contendo tesouros sonoros como Van Halen,

Scorpions, Def Leppard, Joan Jett, Ozzy Osbourne e Mötley Crüe. Meu refúgio, meu acalanto, minha esperança. Vestígios de cura para uma alma assustada em meio a um oceano sem fim... Essa trilha amenizava minha dor, fazendo por vezes brotar um leve sorriso, e vestígios de um brilho outrora intenso ressurgiam timidamente em meus olhos...

Os dias se passavam em meio ao calor intenso de Barcelona. Eu, sem amigos, apenas contando as horas e esperando que um milagre caísse sobre minha cabeça. Sozinho, em meio a tanta gente, nas *Ramblas* de Catalunha, dava passos vazios. De repente meus olhos avistam um cartaz... Numa emoção intensa, me aproximo, esfrego os olhos incrédulos e levo as mãos à cabeça. Não podia acreditar no que via! Uma das bandas de meus sonhos iria apresentar-se no Palácio de Los Deportes de Barcelona. Scorpions! Uauuu! Buummm! Arrebatamento, parte 2. Não sabia se corria, se pulava ou simplesmente tomava o cartaz e fazia tudo ao mesmo tempo. Naquele momento senti uma luz me invadindo, e como num passe de mágica, tudo voltava a tomar sentido em minha vida. Uma esperança ressurgiu. Agora eu podia ver as cores e a beleza de Barcelona e ainda teria a possibilidade de realizar um sonho outrora impossível. Tempos antes, em Guadalajara, seria improvável que tivesse essa oportunidade, visto que naquela época as grandes bandas não se aventuravam por aqueles lados.

Com o corpo tomado de emoção, retorno à minha casa, um apartamento no terceiro andar de um prédio antigo. Depois de muito implorar, convenço meus pais sobre a importância de eu ir a esse show. Após eu fazer infinitas promessas e juras de bom comportamento (confesso que não lembro se as cumpri, mas devo ter pelo menos tentado), recebo um sim e o dinheiro para a compra de meu sonhado ingresso.

Retorno a contar as horas, agora a esperar o início da venda dos ingressos. Instantes antes, eu caminhava sem objetivos, e agora, repentinamente, me vejo cheio deles.

Bom dia! Seis horas da manhã, me visto correndo e saio em direção à Plaza Catalunya, em minha peregrinação em busca do ingresso. Chegando ao lugar, uma pequena decepção me invade: outro fã chegara antes. Mesmo diante desse pequeno infortúnio, às 8:05 da manhã retorno à minha casa, e em minhas mãos, meu troféu, o ingresso número 2. Agora era só aguardar o grande dia. E como foi difícil esperá-lo...

Sobre o show, farei um breve comentário. Os motivos, vocês poderão entender mais à frente. Menciono apenas que foi fantástico! Lembro-me de ter chegado cedo ao local, e assim que se abriram os portões, entrei e me posicionei em frente ao palco, do lado direito, onde mais tarde estaria a poucos metros daquele que se tornaria, vinte anos depois, um de meus grandes amigos: Matthias Jabs, guitarrista dos Scorpions.

Meus dias em Barcelona se passavam inconstantes, oscilando entre conquistas e provações. Pude com muito prazer assistir a outros shows, como Def Leppard (turnê do álbum Animal), David Lee Roth, Dire Straits, Bon Jovi (*tour* do álbum New Jersey), Pink Floyd, U2, entre outros. Por sinal, o dinheiro obtido para a compra do ingresso do show do U2 foi conquistado por eu perceber que na Plaza Catalunya havia muitos turistas que se encantavam com o lugar e se amontoavam para alimentar as pombas. Eis a grande ideia: comprei uma câmera Polaroide, que se destinava a fotografar os turistas (hoje, se vocês passarem pela praça e perceberem alguém fotografando turistas que oferecem milho às queridas pombinhas, saibam que provavelmente eu tenha sido a inspiração). Em meio a essas importantes, porém passageiras alegrias, a realidade de adaptação em Barcelona era ainda um duro desafio. Aprender o catalão não era nada fácil, mas o pior foi o preconceito. Os espanhóis naquela época não estavam familiarizados com pessoas da América Latina. Para eles, nós éramos perigosos invasores. Nesse período de adaptação e de luta, passei por três escolas: em duas delas sofri algumas suspensões, e em outra fui expulso. Duro golpe. Durante todo o tempo eu busquei afirmação, tentava fazer amizades, porém não era nada fácil. Mas, por insistência, acabava as conquistando, fosse por minha simpatia ou por minha coragem. Por razões óbvias, tornei-me uma pessoa briguenta. Aos 17 anos, enfrentava tudo e todos. Como disse, buscava meu espaço a qualquer custo. Queria apenas ser feliz e ter uma vida como qualquer outro cidadão.

Um personagem fundamental em minha história, e principalmente na formação de minha personalidade, foi um professor chamado Jordi. Esse cara simplesmente tomou-me como bode expiatório. Talvez ele tivesse suas razões, mas não justificavam suas atitudes extremas. Por eu ter-me tornado um líder perante os colegas de escola, devido à minha postura, ou pelos meus gostos musicais, ou pela forma de me vestir, ou simplesmente pelas minhas ideias um tanto quanto revolucionárias, creio que eu tenha causado desconforto a muita gente, principalmente aos professores. Foi assim que me tornei a caça. Em um curto período, por cinco vezes fui suspenso das aulas. Isso me fez perder boa parte das matérias, causando um grande retrocesso em meu desempenho escolar naquele ano. O ápice de tudo foi quando Jordi, o caçador, chamou meus pais e disse a eles que não seria necessário manter-me mais na escola. Dizia ser perda de tempo educar-me, visto que meu QI era similar ao de um macaco e que eu seria mais útil trabalhando no campo, cortando mato e arando a terra. Meu pai levantou-se, chamou-o de louco, saiu da sala, chamou-me, e fomos para casa.

No caminho, com os nervos à flor da pele, expressei toda a minha revolta. Mais tarde, deitado em minha cama, pensei em tudo que havia acontecido. Meu corpo ainda tremia, e a noite passou sem que eu pudesse sequer fechar os olhos. Pela manhã, no dia 13 de março, me dirigi à escola, entrei na sala e, interrompendo a aula, protestei a Jordi, dizendo que eu fora alvo de injustiças e racismo. Adverti aos meus colegas de sala que aquele homem era um perigo a todos. Dirigi-me a ele, olhei em seus olhos e lhe dei um soco.

— Agora sim você tem um bom motivo para me expulsar — foram minhas palavras antes do golpe final. Virei as costas e saí.

Vaguei por horas pelas ruas da cidade. Na hora do almoço, em casa, contei a meus pais o que havia feito. Imediatamente meu pai me castigou, e em seguida sentenciou-me a passar um tempo em nossa casa de campo. A casa se situava de frente para as montanhas sagradas de Mont Serrat, monte que ostenta inúmeras histórias e lendas, sendo uma delas a de abrigar em seu majestoso seio nada mais, nada menos que o Santo Graal. Sim, o local era belíssimo, mas naquele momento eu desprezava qualquer coisa, até mesmo as lendas que diziam que cavaleiros templários haviam cruzado aquela esplendorosa paisagem. Rejeitava o lugar sagrado onde fora encontrada a imagem da Virgem de Catalunha (La Moreneta). A bravura dos templários também não significava nada para mim naquele momento. Nada poderia suavizar minha dor e minha revolta; não havia inspiração, apenas um vazio gigantesco.

Passei um período de cinco meses em completo isolamento. A casa de campo era uma *Mascia*, feita de pedra, datada do século XII. Nada havia por ali a não ser a vasta natureza e os caseiros. Assim iniciou-se um processo muito importante e útil na minha vida. Passei a meditar, praticar exercícios físicos, arar a terra, cuidar da horta e auxiliar na reforma da *Mascia*. Dedicava-me também às técnicas do *pranayama* e das Runas (prática viking que consiste em energização, que aprendi com meus pais). Apesar do isolamento, tentava levar os dias da melhor forma possível, se é que se pode dizer isso. Recebia a visita de minha família aos finais de semana, exceto a de minha irmã caçula, que estava em Londres estudando balé na Royal Academy. Londres — a cidade que viria a ser minha próxima morada e meu novo desafio.

Assim cumpri minha pena, passando por mais uma difícil, porém didática experiência. Certamente ficou o aprendizado, mas a única coisa em que eu pensava era retomar minha vida na cidade. Logo, sem ao menos ter imaginado, deixaria Barcelona, carregando dois prêmios de fotografia, inclusive um do famoso Corte Inglês, ao qual, naquela ocasião, mais de 10 mil pessoas concorreram. Em breve iria respirar novos ares, romper novas fronteiras, mas voltaria continuamente a Barcelona para visitar meus pais. Visitaria também a mesma *Mascia*, lugar onde habitavam as fortes lembranças dos dias em que fiquei por lá.

Some will win, some will lose
Some were born to sing the blues
Oh, the movie never ends
It goes on and on, and on, and on

Don't stop believin',
Hold on to the feelin'
Streetlights, people

Alguns vão vencer, outros vão perder
Alguns nasceram para cantar blues
Oh, o filme nunca acaba.
É assim sempre e sempre e sempre

Não deixe de acreditar
Segure-se naquela sensação
Luzes da rua, pessoas
Don't Stop Believin' — Journey

LONDRES

Perdido em uma rua, em minhas mãos apenas um papel contendo o endereço da casa dos amigos de meus pais — era lá onde minha irmã estava morando. Dentro de mim, novamente um vazio. Precisava reconstruir, precisava adaptar-me sem falar uma única palavra em inglês (mentira: eu falava *hello* e *bye*).

Ao meu redor, um belo e típico parque inglês, em pleno verão, que, convenhamos, era muito mais fresco que o de Barcelona. Em meio a todo esse incrível visual, meus olhos, assustados, buscavam uma direção, um auxílio. Minha única manifestação foi estender a mão a um senhor que passava e mostrar-lhe um papel amassado e suado, contendo o meu suposto destino. Para minha sorte, o endereço que eu procurava situava-se logo à frente.

Já diante da típica residência inglesa, pude entrar e abraçar minha irmã. Confesso que isso me confortou muito. Londres é um lugar incrível, tudo transpira arte e cultura, sem contar a belíssima arquitetura e os riquíssimos aspectos históricos. Mas o preço era alto: um latino, acostumado a climas mais quentes, precisaria, a duras penas, adaptar-se ao frio. O calor e o colorido tropical agora davam lugar ao cinza das edificações e a um céu constantemente carrancudo.

A seguir, já matriculado numa escola de inglês, segui minha jornada, fazendo amizades e assistindo aos shows que passavam por Londres. Gostava de ir aos shows — sozinho, diga-se de passagem. Era uma preferência minha. Eu tinha apenas a companhia de minha câmera fotográfica. Apreciava ver todos os detalhes que montavam um espetáculo, sentir o clima, a essência, a entrada do público, o posicionamento do palco, o merchandising, as bandas de abertura, o comportamento das pessoas, suas roupas... Absorvia o encanto de tudo o que se passava ao meu redor, sem perder um detalhe sequer. Eu admirava todo o contexto. Ao final, era o último a sair, e não podia perder a chance de ver a estrutura sendo desmontada. Com alguma sorte, ainda poderia ver algum artista deixando o *backstage* e, de quebra, levar algum autógrafo para casa.

Seis meses após estar cursando a escola de inglês, um pouco mais confiante, sentia-me apto a alçar maiores voos. Paralelamente ao estudo, desenvolvia pequenos trabalhos para ganhar dinheiro. E foram muitos: jardinagem, limpeza em escolas, vender sanduíches, lavar pratos...

Por falar nisso, já exausto de tanto lavar pratos, certa vez fui a um restaurante espanhol que se situava perto de minha escola e pedi uma oportunidade como garçom, pois o salário seria muito melhor. Meia hora após muito insistir, me vi atuando em pleno sábado, dia de maior movimentação. Foi um completo pesadelo. O proprietário, digno de um carrasco medieval, atormentou-me tanto que acabei lançando um prato de comida no seu colo. Saí dizendo: — Desculpa, senhor, não nasci para isso.

Dia a dia, meus passos evoluíam. Fiz um curso a distância, o que me permitiu concluir os estudos e finalmente cursar a faculdade. Assim, me vi estudando Direção de Cinema. Londres era o único lugar no mundo a oferecer um curso de cinema dentro de uma universidade, reconhecido e licenciado.

Não preciso dizer que essa minha conquista ampliou meus horizontes de forma absoluta. Além de todo o aprendizado, pude conhecer uma pessoa-chave para minha construção profissional, um brasileiro da cidade de Londrina, estudante de cinema que também frequentava a universidade. Essa pessoa, da qual me tornei amigo, falava-me com frequência sobre uma banda brasileira que acabava de despontar no cenário musical, chamada Sepultura. Ele dizia conhecer um dos integrantes e informava que a banda desejava tocar fora do Brasil. Devido a isso, e inspirado pelos inúmeros shows que havia presenciado, resolvi que de alguma forma iria agenciá-los. Não sabia como, mas iria intermediar uma apresentação da banda em terras londrinas.

Assim, eu e meu amigo, cheios de empolgação, jovens sonhadores, confiantes, mesmo sem saber exatamente o que estávamos fazendo, nos dirigimos ao Marquee, lendária casa de espetáculos inaugurada no ano de 1958, na Oxford Street, palco que abrigou inúmeras bandas, inclusive a primeira apresentação dos Rolling Stones, em 12 de julho de 1962 (essa apresentação aconteceu na Wardour Street 90, no novo endereço da casa).

Conversamos com o gerente do local e lhe propusemos a possibilidade de trazermos algumas bandas para se apresentarem lá. De forma amigável, ele nos informou de que haveria algumas datas disponíveis. Dessa forma estava oficialmente iniciando minhas atividades profissionais com a música. Os frutos dessa ousadia gerariam, algum tempo depois, a empresa Top Link. Com a ajuda de alguns parceiros, levamos o Sepultura a tocar em Londres. O que parecia loucura tornava-se uma grata realidade. Na sequência, levaria outras bandas brasileiras, como a Timbalada, de Carlinhos Brown, Os Paralamas do Sucesso, que fizeram duas apresentações que se tornaram um marco na carreira deles, e Chico Science & Nação Zumbi, por volta de 1994. Também trouxe algumas bandas espanholas.

Mas claro que tudo não foram flores. Pelo contrário. Em virtude da falta de experiência, perdia bastante dinheiro. Em meio a equívocos, via minhas limitadas economias se desfazerem. Sem dinheiro, precisava buscar formas alternativas, atividades que pudessem capitalizar-me novamente. Meu foco era a produção. Por mais dispendioso que fosse, sabia que esse seria meu caminho. E cada vez mais tinha sinais disso.

Aos 21 anos de idade, consegui intermediar alguns shows da banda Katrina and the Waves, banda inglesa famosa pelo sucesso Walking on Sunshine. Foi um período curto, mas trabalhar com a banda deu-me a possibilidade de conhecer pessoas que ajudariam a abrir muitas portas em minha trajetória, como também, pela primeira vez, ganhar dinheiro e experiência com a produção musical. Passava meus dias estudando na faculdade, fazendo trabalhos alternativos, buscando outras bandas para trabalhar, principalmente dentro do Reino Unido, e, claro, assistindo sempre a shows, algo que passei a fazer com o intuito de ganhar mais experiência e, de quebra, ficar mais próximo dos artistas. Era praxe oferecer aos *roadies* o dinheiro do ingresso, e em troca eles me davam a oportunidade de estar no palco carregando caixas, cabos, instrumentos. Fazia qualquer coisa que fizesse parte dos bastidores de um espetáculo.

E foi assim que tive um dos momentos mais marcantes. No dia 20 de abril de 1992, no estádio de Wembley, foi realizado um dos eventos mais importantes da história da música. O Freddie Mercury Tribute Concert prestava homenagens ao vocalista da banda inglesa Queen, falecido no dia 24 de novembro de 1991 em consequência de uma broncopneumonia causada pela AIDS. Esse evento trazia ao palco inúmeros astros da música. Bandas como Extreme, Metallica, Guns N' Roses, Def Leppard, e pessoas amigas de Freddie Mercury, tais como David Bowie, Annie Lennox, George Michael e Elton John. Os lucros do evento foram revertidos para o Mercury Phoenix Trust, fundação criada em 1992 com o objetivo de combater a AIDS no mundo. Foi em meio a todo esse cenário que ofereci meus serviços a um *roadie* que, felizmente, acabou simpatizando comigo e me aceitou como assistente. Talvez o fato de eu falar outras línguas tenha pesado nessa hora também.

Esse *roadie*, por coincidência, era assistente de palco do Guns N' Roses, uma das bandas que mais faziam sucesso no momento, e também uma de minhas prediletas. O fato é que eu não me continha de felicidade. Como num passe de mágica, já me vi acompanhando do palco a passagem de som do Guns. Foi nesse momento fantástico que o guitarrista Slash viu sua guitarra falhar várias vezes, e simplesmente quebrar. Profundamente irritado, jogou-a no chão e em seguida chutou a guitarra, que veio deslizando até meus pés. Olhei para o *roadie* que me havia dado a oportunidade, e com olhos suplicantes pedi a ele a chance de agarrar aquele troféu. Com um sorriso, ele assentiu, e como um raio visualizei um único objetivo: sair correndo com a guitarra nos braços. Foi o que fiz, antes que alguém a solicitasse de volta. Não perderia aquela relíquia por nada neste mundo! Fui embora com a guitarra.

No dia seguinte, logo pela manhã, acompanhado da guitarra, busquei o hotel onde o Guns estaria hospedado. Ao encontrar o local, entrei rapidamente e procurei alguma movimentação, algo que me indicasse a presença de algum integrante da banda. Repentinamente me vi diante do Slash, que bebia no pub do hotel. Pedi licença a ele e solicitei um autógrafo, exatamente na guitarra que até o dia anterior havia pertencido a ele. Falei de como a havia adquirido. Com um sorriso, ele prontamente a autografou. Essa relíquia encontra-se pendurada atualmente em minha casa, na cidade de Curitiba. Essa guitarra também possui assinaturas de Carlos Santana, Gary Moore, Jimmy Page, e outros.

A assinatura de Page foi conquistada tempos depois, na ocasião em que eu empurrava um carro velho que pertencia a meu amigo. O carro havia morrido e coube a mim a tarefa de empurrá-lo. Solícito, um homem que praticava sua caminhada matinal na calçada viu meu esforço e, abandonando sua prática, pôs-se a ajudar-me. Este nobre cavalheiro chamava-se Jimmy Page! Agradeci pela ajuda, e, não satisfeito, pedi a ele que assinasse minha guitarra. Ele o fez alguns dias depois, em frente ao local onde morava.

Em virtude dos bons ventos que sopravam em minha vida, completava minhas tarefas diárias cada vez com mais força e coragem, aproveitando, claro, sempre que possível, para assistir aos espetáculos. A cidade era repleta de oportunidades, e os shows fervilhavam, para minha felicidade. Motörhead, Whitesnake, Status Quo, U2... Uma avalanche audiovisual.

Assistir à gravação de Pulse, do Pink Floyd, no dia 20 de outubro de 1994, no Earls Court Exhibition Centre, durante a The Division Bell Tour, foi algo sensacional. É difícil definir por palavras. O que era para ser uma profunda decepção acabou tornando-se um dos momentos mais incríveis de minha vida. Digo isso porque, na primeira noite, a gravação à qual eu estava presente repentinamente foi cancelada devido à queda de uma arquibancada de fundos. O dinheiro foi devolvido. Haveria outras apresentações, porém já completamente lotadas, e não havia mais ingressos. Nós estávamos inconformados. Digo "nós" porque agora eu estava acompanhado de minha namorada, que acabava de chegar do Brasil. Deyse tomava seu posto ao meu lado para realçar ainda mais as emoções nas terras da rainha (a parceria funcionou tão bem que acabaríamos nos casando alguns anos depois).

Voltando ao show do Pink Floyd. Após a fatídica notícia, Deyse e eu juramos que de alguma forma estaríamos presentes, assistiríamos ao show a qualquer custo. No dia seguinte, fomos ao local da apresentação e, a poucos minutos do início do espetáculo, procuramos alguma porta que ficasse nos fundos do famoso centro de artes, que possuía uma sala com capacidade para 19.000 espectadores. Através de uma rua lateral, encontramos uma porta que supostamente nos levaria à cobiçada sala de espetáculos. Pelo menos era o que sonhávamos. Sem pensar muito, entramos e demos continuidade ao nosso plano. Uma infinidade de portas se apresentava à frente; escolhemos aleatoriamente uma delas e entramos. Uma sala vazia me apresentou uma porta que me apresentou outra e mais outra e mais uma... um labirinto de portas! Porém, eu sabia que chegaria a algum lugar, mesmo que fosse a outra dimensão. Tremia dos pés à cabeça. Poderíamos até ser presos, mas o ímpeto nos conduzia ao objetivo. Finalmente, como num filme, abro uma porta e me vejo a poucos metros do palco. Havíamos conseguido, estávamos dentro! As primeiras notas de Shine On You Crazy Diamond eram executadas, e meu coração quase saiu pela garganta. Até hoje não sei como fizemos aquilo, mas graças aos céus o fizemos. Fomos testemunhas oculares daquele épico espetáculo.

Bravuras como essa passaram a ser frequentes em minha vida em Londres, pois eram fundamentais para manter-me inspirado. Vale ressaltar que Londres é um lugar cheio de emoções, um museu vivo. Ora você está em frente ao Big Ben, ora em frente à casa de Jimmy Page; ora encontra Brian May fazendo compras em Harrow, ora Bryan Adams em um pub enquanto você toma um *pint*; ou vê Bruce Dickinson andando de bicicleta em

Richmond Park, ou Mick Jagger caminhando com a família por uma rua qualquer. Tudo somado a Buckingham Palace, Tower Bridge, Tower of London, Trafalgar Square, Piccadilly Circus...

Por falar em Piccadilly, preciso dizer que passei momentos incríveis por aquelas calçadas, em virtude de ali estar a Tower Records, fantástica loja de discos com quatro andares que oferecia sempre em suas instalações a apresentação de algum músico, ou simplesmente uma tarde de autógrafos. O Piccadilly era procissão obrigatória, uma necessidade constante. Uma celebração religiosa no templo da música. Por essa área, tive a possibilidade de obter autógrafos de Ozzy Osbourne, dos integrantes do Bee Gees, do Eurythmics, de Sinéad O'Connor, do Mr. Big, do Nirvana, do Soundgarden...

No dia em que obtive o autógrafo dos integrantes do Nirvana, devo dizer que, por um equívoco meu, mobilizei todo o centro de Londres, inclusive o esquadrão antibombas! Pois bem, deixe-me contar.

Com a suposta notícia de que uma grande banda estaria dando autógrafos na Tower Records, fui como um raio averiguar a programação, que se encontrava postada num quadro em frente à loja. Lembro-me de que apenas larguei meu veículo, uma velha van branca da Ford — adquirida com muito trabalho, mas que, para um legítimo inglês, que já nasce com instinto de Sherlock Holmes, dava margem gigantesca a suspeitas. Como eu disse, apenas larguei o carro e saí correndo como um louco, sem dar-me conta de que o havia estacionado em local proibido. Queria apenas saber quem seriam os convidados daquela tarde. Ao chegar à Tower Records, vi no quadro de anúncios que se tratava de uma banda chamada Nirvana. Eu sabia que começavam a fazer sucesso, mas não tinha a menor ideia do estilo de música que eles tocavam. Imaginei que talvez fossem uma banda new age. Como fã e produtor musical em formação, decidi que voltaria às 16 horas para conhecê-los.

Então retornei ao meu veículo, que agora estava cercado por policiais e cães farejadores. Com a rua toda isolada, curiosos se aglomeravam para descobrir o que se passava, e eu, inocente fã, tentava apenas pegar meu veículo e sair. Fui abordado por policiais, que me interrogavam incisivamente. Depois de muita confusão e estresse absoluto, me dei conta de que, ao abandonar o carro em local proibido e sair correndo como um louco, dei margem para suspeitarem de que eu era um terrorista em plena execução de um plano explosivo, uma verdadeira cena de filme! Difícil, muito difícil explicar que tudo não passava de um equívoco. Isso quase me levou à prisão. O que me salvou foi o fato de mostrar a câmera fotográfica em minhas mãos e um cartaz que anunciava a tarde de autógrafos com o Nirvana. Toda a cena se passou em cinco minutos, e posso atestar que nesse pequeno espaço de tempo a polícia inglesa mostrou o quanto é eficiente. Confesso isso hoje com um frio na barriga. Quando vocês forem a Londres, carreguem sempre seus passaportes e suas câmeras fotográficas, e lembrem-se de não estacionarem em locais proibidos e muito menos saírem correndo pelas ruas, se não estiverem numa maratona.

Londres é indiscutivelmente celeiro produtor de grandes músicos. Isso está inserido na vida de cada londrino, mesmo os que ignoram isso.

A REUNIÃO DA FAMÍLIA (MORANDO JUNTOS NOVAMENTE)

Dentre todos os fatos citados anteriormente, não me posso esquecer de um ponto importante em todo esse processo: o fato de meus pais se mudarem para a Inglaterra, e com isso unirem a família toda sob o mesmo teto novamente. Devido a uma alta recessão na Inglaterra, eles puderam adquirir uma bela casa perto de Londres por um valor bem abaixo dos praticados na época. Era um lugar incrível, chamado Surrey, no sudoeste do país, cidade que faz fronteira com a região metropolitana de Londres. Uma área repleta de bosques e jardins maravilhosos. Todo aquele cenário cabia perfeitamente nos intuitos de meus pais, que estavam focados em escrever uma trilogia sobre o Rei Arthur e a Távola Redonda.

O fato de morarmos juntos novamente trouxe certa segurança, confesso, mas ao mesmo tempo causava certos conflitos. Meu pai não era a favor de que eu fizesse da música minha profissão, e constantemente instava-me a buscar outros caminhos. Cedeu em parte, com a possibilidade de abrirmos uma loja de discos, mas não aceitei. Depender financeiramente de meus pais nunca fora uma opção para mim, pois acreditava que dessa forma meus sonhos e minha independência seriam afetados. Cuidava do meu próprio nariz, e assim gostaria que continuasse.

Era um contraste curioso: à noite, dormia numa casa relativamente confortável, e logo cedo, às cinco da manhã, saía para limpar a mesma faculdade em que eu estudava. Durante toda a manhã até o começo da tarde, revezava meu tempo entre o trabalho de limpeza e os estudos. Após um rápido almoço, seguia rumo a outra escola, onde eu também trabalhava na limpeza. Esse rico e suado dinheiro destinava-se principalmente à realização de meu maior sonho, o de estabelecer a Top Link como uma empresa forte, e consequentemente tornar-me um reconhecido e competente produtor musical. Levaria o nome de minha empresa a todos os cantos da terra. Mas até que isso se tornasse realidade precisava encarar as dificuldades que continuamente se apresentavam. Uma delas era caminhar quilômetros até minha casa, fruto das inúmeras vezes em que fiquei sem gasolina. Essa verdadeira maratona em meio ao frio clima inglês me rendeu uma séria bronquite.

Todo esse cenário só complicava minha situação perante meu cético pai, que, ao presenciar todas as minhas dificuldades, tornava-se cada vez mais incisivo em sua opinião. Entendia seus temores. Ele não queria que eu me tornasse um *junkie*. Talvez os motivos que me tinham levado ao isolamento aos pés do Mont Serrat, na Espanha, a rebeldia diagnosticada e todos os infortúnios de uns anos antes, tenham gerado fantasmas que povoavam a mente dele; era compreensível. Mas eu precisava manter-me firme em meus propósitos. Não iria desistir por nada deste mundo. E não desisti.

Sendo assim, convencido de que eu não seria persuadido, meu pai acabou achando uma forma de ao menos manter-me por perto. Em virtude das inúmeras viagens que meus pais faziam, me propuseram levar alguns shows e encaixar dentro dos eventos que eles realizavam. Esses eventos geralmente duravam cerca de três dias e reuniam em média mil pessoas, em sua maioria psicólogos e antropólogos do mundo todo. Tal proposta acabou me favorecendo, mas confesso que o fiz mais para agradá-los. No entanto, certamente isso não deixava de ser uma grande oportunidade para mim. Os shows que faziam parte desses eventos eram realizados por bandas new age, longe do que eu realmente gostaria, mas, enfim, era um ótimo começo. Dessa forma pude conhecer o Egito, a Grécia, a Itália e outros lugares exóticos. Além do mais, dividia o investimento com meu pai, e sem dúvida isso me favoreceu muito, a ponto de capitalizar-me acentuadamente, gerando combustível suficiente para agora, estruturado, alçar voos mais altos e finalmente priorizar o estilo que eu sempre amei, o bom e velho rock 'n' roll.

Estimulado, me encontrava visualizando horizontes mais distantes, e, como se não bastasse, acabava de concluir minha licenciatura em cinema. Era a glória. Não cabia em mim tanta felicidade. Sabia que ainda era um recomeço, mas a sensação de vitória era algo pulsante em meu peito. Inflamado pelas minhas recentes conquistas, com um diploma universitário em mãos, conquistado com uma das melhores notas de toda a universidade, decidi que precisava resolver uma situação. Tudo conspirava a meu favor, e, aproveitando que minha família iria passar férias em Barcelona, os acompanharia, a fim de descansar um pouco e buscar minha doce vingança, arquitetada em silêncio. Meu destino seria retornar à escola em que estudei, na Espanha. Só que agora, incorporado por um ávido caçador, procuraria uma caça chamada Jordi. Buscaria minha redenção.

Já em solo espanhol, trilhei o caminho que levava ao rastro da presa. Fui direto ao endereço que me interessava. Precisava encontrar o professor que, anos antes, fora um dos responsáveis por minha expulsão da escola e por meu isolamento. Sabia que eu havia colaborado para isso. Minha conduta na época não fora das mais exemplares, mas nada justificava aquelas sórdidas palavras, de que meu QI era similar ao de um macaco, e de que eu me limitaria a exercer trabalhos braçais, visto que minhas atitudes eram compatíveis com as de um animal.

Já subindo a íngreme rua que dava acesso à escola, sentia meus lábios secos como um deserto, e meu corpo todo tremia. Completamente tenso, cheguei ao estacionamento reservado aos professores. Ali, por cerca de duas horas, aguardei ansiosamente a aparição de Jordi, o outrora caçador. Um filme se passou enquanto eu o aguardava. Não sabia se realmente iria encontrá-lo, mas precisava tentar — era como se aquilo fosse essencial à minha existência. De repente, como num filme, vejo-o saindo de um carro que acabara de ser estacionado. Aquele espectro que me assombrou por muitos anos caminhava rumo à entrada. Enquanto ele subia as escadas, fui no seu encalço e, poucos passos atrás, gritei:

— Ei, Jordi, você se lembra de mim? Você se recorda do macaco? Eu jurei a mim mesmo que voltaria a encontrá-lo!

O pobre professor, com olhos arregalados, não conseguindo dar nem um passo, viu-me se aproximar. Estava tão próximo que não permiti a ele nem ao menos fugir, e, com um tom de voz parecendo vir das profundezas da terra, disse:

— Eu nunca me esqueci de você, e, graças a isso, vim aqui mostrar-lhe meu diploma. Eu estou formado!

Meu ódio e minha frustração transformaram-se em estímulos para me formar na universidade e ainda constituir minha própria empresa. O professor parecia não respirar. Para concluir, mostrei meu diploma a ele e disse:

— Nunca mais repita com outros o que você fez comigo. Por muito pouco você não destruiu a minha vida e os meus sonhos! Você quase destruiu uma família inteira!

É controverso e curioso. Minha experiência com Jordi, apesar de conturbada, indiscutivelmente me fez crescer.

Virei minhas costas e parti aliviado. Havia, de certa forma, me vingado. Preciso confessar que ainda hoje, no momento em que relato o episódio para este livro, sinto meu corpo tremer como naquele dia do reencontro. Depoimento esse que presto enquanto caminho de um lado a outro do jardim, como um leão enjaulado. Creio que estraguei um pouco da grama também.

As férias em Barcelona foram importantes. Pude descansar, reencontrar amigos, ir a bares, mas o reencontro com Jordi, sem dúvida, foi o mais importante.

Uma questão extremamente relevante que precisa ser mencionada foi a minha iniciativa de comercializar discos de vinil. Cada vez que tinha oportunidade de voltar à Espanha, levava comigo vários álbuns comprados na Inglaterra, para vendê-los a amigos e conhecidos. Eram raridades e lançamentos que ainda não eram distribuídos na Espanha, e que eu aproveitava para comerciar. Essa atitude, além de ampliar ainda mais meus conhecimentos musicais, foi uma substancial fonte de renda, contribuindo de forma direta para meus interesses profissionais.

De volta a Londres, retomava passo a passo minhas atividades. Agora, formado, buscaria, talvez, outra faculdade. Pensava em fazer administração de empresas em nível internacional, mas não estava muito certo disso. Com referência ao curso de cinema, escolhi-o pelo fato de que na época os videoclipes ainda eram uma febre mundial, e acreditava que assim, capacitando-me dentro do curso de cinema, poderia inserir-me no mundo da música. De fato, tive a possibilidade de produzir três vídeos, e com eles conhecer ainda mais pessoas, mas como eu havia criado uma empresa e precisava fazer dela uma grata realidade, pensava em cursar algo que me auxiliasse a administrá-la de forma mais técnica e eficiente. Foi assim que me vi em outra universidade, cursando Negócios Internacionais e Administração de Empresas

Internacionais. Não concluí o curso, porém foram três anos que me capacitaram de forma indiscutível. Obtive uma boa base para conduzir meus negócios, muito mais organizados, e uma estrutura de compreensão bastante ampla de como funcionam os negócios em grande escala.

A Inglaterra foi sinônimo de muito sacrifício, trabalho, aprendizado, conquistas e, obviamente, palco de muitos shows, à maioria dos quais eu pude assistir. Muitas assinaturas foram conquistadas — que o digam a Deyse, o meu irmão Michael e um grande amigo chamado Juan Antônio, meus companheiros de assistir a shows, garimpar novas bandas e caçar autógrafos.

A citada Tower Records, lugar em que eu marcava presença constante, em frente ao Piccadilly Circus, foi também palco de outro fato extremamente curioso (nada ligado a explosivos e terrorismo). Curiosidades do destino.

Alguns momentos da vida nos fazem refletir se existem apenas coincidências ou se existem forças que estão além de nossa compreensão. Minha frequência à Tower Records tinha agora outros motivos, além de caçar autógrafos. Buscava assistir a algumas bandas legais que talvez pudessem aceitar meus serviços. Assisti à apresentação de uma banda de que eu já gostava muito, que se chama Marillion. Após a apresentação, entrei em contato com o *manager* da banda, disse que eu era produtor e estaria interessado em levá-los ao Brasil. Eu estava bem informado de que o público brasileiro era muito receptivo ao som do Marillion. O empresário me disse que havia outro promotor, um brasileiro, que estava interessado em levar a banda ao Brasil, para tocar em São Paulo. Passou-me o telefone dessa pessoa e me disse para entrar em contato com ele para uma eventual negociação. Porém, não me lembro por qual motivo, acabei não ligando. Um belo dia, toca meu telefone, atendo, e, para minha grande surpresa, tratava-se do referido promotor brasileiro, José Muniz Neto. Conversamos bastante e terminamos o papo com a disposição de fazer uma parceria. Agradeci pela ligação e prometi que iria pensar a respeito. Na época, por falta de conhecimento, não imaginava a importância que Muniz tinha como produtor. Na verdade, era um dos maiores da América Latina. O resultado de tudo isso é que lá se vão mais de vinte anos de amizade e parceria. Esse cara foi também um dos grandes responsáveis pelo que eu e minha empresa nos tornamos, nos abriu muitas portas e nos brindou muitas vezes com sua experiência, fundamental para sobreviver e expandir no universo musical.

Enfim, disse tudo isso para voltar agora à questão das incríveis coincidências desta vida. Quinze dias após o contato telefônico, fui ao terminal quatro do Aeroporto de Heathrow, em Londres, levando meus pais, que iriam ao Brasil a trabalho. Após me despedir deles, sigo em direção ao estacionamento para buscar meu carro. Do lado de fora, chamou-me a atenção uma pessoa que seguia tranquilamente, calçando belas botas, de calça jeans e camisa branca por fora da calça, e puxava uma mala prateada. Não fazia a menor ideia de quem era o Muniz, não sabia absolutamente nada sobre ele, muito menos se ele estaria em Londres. Mas algo dentro de mim dizia que poderia estar diante dele. Não sei explicar, era quase uma convicção. Fui até ele e o abordei, e em inglês perguntei se ele era o Muniz. Um tanto quanto desconfiado, afirmou que sim. Era o próprio! Apresentei-me e disse que eu era o Paulo, que havíamos conversado por telefone havia alguns dias. Ainda surpreso, ele me perguntou:

— Como você sabia que era eu?

Respondi sorrindo:

— Sinceramente? Não sei explicar!

Essa é mais uma das grandes surpresas que a vida nos oferece. Ainda hoje, sempre que nos encontramos, relembramos aquele momento curioso e nos divertimos muito com aquela e muitas outras passagens. Não poderia escrever minhas memórias sem citar meu querido amigo e parceiro Muniz. É mais que gratidão, é respeito pela pessoa e pelo profissional que sempre foi. Carrego comigo sempre com carinho a oportunidade de tê-lo conhecido. Competimos até hoje por shows, mas tudo sempre foi feito com muito cavalheirismo. Não trabalhei com o Marillion naquela oportunidade. Isso ocorreria um pouco mais à frente, mas havia ganhado um grande parceiro.

* * *

"Conheci o Paulo de maneira curiosa, em 1992. Por telefone, diga-se de passagem!

Um belo dia, no princípio daquele ano, recebo uma chamada internacional de um rapaz com um sotaque portunhol, mais pra "nhol" do que "portu", querendo saber sobre um show da banda Marillion, que estávamos negociando para trazer ao Brasil.

Ele tinha interesse em fazer um show em Curitiba. Nessa época, me ligava de Londres, onde residia com os pais, mas tinha uma namorada no sul do país. Questionei sobre a sua capacidade de promover um show em Curitiba, residindo em Londres, e acabamos não realizando nenhum negócio com a banda Marillion naquele ano.

Após um breve e curioso encontro que tivemos em Londres, o Paulo continuou me ligando, e acabei simpatizando com ele, até que finalmente tivemos a oportunidade de nos conhecer melhor em São Paulo. Foi em um evento tipo "Maçonaria", com um monte de gente vestida de vermelho, onde ele cuidava da parte artística, diga-se de passagem, com o artista mais chato do mundo, Phil Thornton, de new age. De qualquer maneira, pude constatar que ele, mesmo jovem, já era bem conectado e com capacidade para promover um evento.

Finalmente, em 1993, repassei a ele um show do multitecladista Rick Wakeman, que ele produziu de maneira competente. Fizemos mais alguns negócios que ajudaram a consolidar sua carreira, e o Paulo desde então se tornou um promotor independente bastante relevante na América do Sul, com grandes shows realizados.

Me sinto feliz por ter podido dar uma mão no início da carreira e orgulhoso com o sucesso do amigo."

José Muniz Neto

* * *

Fruto principalmente da educação que recebi de meus pais, aprendi que todas as coisas que nos acontecem nesta vida são decorrentes da energia que geramos dentro de nós. Conhecer alguém, acredito, não é uma mera coincidência. Tudo é conexão; me atento à sinergia, e essa é fundamental para o processo evolutivo pessoal e das relações. Minha história justifica essa reflexão: acreditar que tudo que nos acontece tem um caráter didático e nos credencia a evoluir como pessoas, como profissionais e como cidadãos. Apostar na conexão que geramos, e zelar para que essa dádiva seja preservada sempre com harmonia, é uma missão para mim. Claro que não é fácil, somos seres humanos, portanto falhos, e muitas vezes magoamos quem mais amamos, quem mais merece o nosso carinho. Mas tento sempre ser justo e ponderado. Erro, porém cuido, reflito e tento fazer sempre o melhor que posso em todas as situações que a vida me oferece, e tal postura sempre me auxiliou em todos os aspectos.

Pois bem, juntando tudo isso, lembro-me de uma passagem com o Marillion. Em setembro de 1989, a banda lançava o disco Seasons End, quinto álbum da banda, agora com a participação do novo e talentoso vocalista Steve Hogarth. Esse álbum em particular foi trilha sonora constante em meus dias em Londres.

Inspiradora, Easter, uma das músicas do álbum, elevava meus pensamentos e alegrava minha alma.

Algum tempo depois, quando soube que o Marillion se apresentaria em Barcelona, sem pensar, fui direto à Espanha. Na época meus pais ainda estavam por lá, antes de eles se mudarem para a Inglaterra. E lá estávamos, um amigo e eu, na Casa Zeleste, de Barcelona, curtindo uma grande apresentação do Marillion. Minha trilha sonora era repassada ao vivo, mais expressiva e mais intensa. Eu estava à esquerda do palco, acima, num mezanino que circundava a casa de espetáculos, e a certa altura do show o vocalista Steve Hogarth escalou uma das torres que sustentava a estrutura de palco e veio parar justamente ao meu lado, cantando e dirigindo seu olhar a mim. Em meu pensamento de fã, ele e eu fazíamos um dueto para o restante da plateia. Tudo isso foi real. "E quanto ao dueto?" Bem, deixem-me acreditar que o foi também. Na mente de um fã, tudo é possível. Meses após ter dividido os vocais com Steve, teria outra oportunidade de rever o Marillion no Hammersmith Odeon, de Londres, e ainda pude tirar uma foto com Steve. Um detalhe: naquela noite em específico, não consegui dividir os vocais novamente com ele, mas estava muito feliz pela foto.

Faço questão de falar sobre o Marillion, porque, mais de vinte anos depois, tornei-me representante da banda na América Latina. Tudo isso me enche de orgulho. É uma honra e uma grande satisfação poder fazer parte da grandiosidade do universo do Marillion. Além do mais, só reforça minha convicção quanto à importância de gerarmos energias boas e acreditarmos verdadeiramente em nossos sonhos. Continuo crendo que tudo acontece por uma boa causa, as boas energias estão por aí, basta detectá-las e captá-las. Conexões espirituais, imortalidade da alma talvez também sejam possíveis, mas nesse caso melhor estudarmos mais sobre a filosofia de Sócrates e Platão, e sobre a curiosa teoria dos átomos, de Demócrito.

UMA NOVA FASE EM LONDRES

Como disse anteriormente, após concluir o curso de cinema e buscar outra faculdade que me pudesse ajudar a conduzir meus negócios de forma mais profissional, continuei levando minha vida em Londres. Não que as coisas se tivessem tornado definitivamente tranquilas, mas agora ficava cada vez mais maduro, experiente e relativamente melhor estruturado. A maioria das histórias que contei nas últimas páginas referem-se ao período em que vivi na Inglaterra, basicamente, entre os anos de 1989 e 1994. Não fui radicalmente fiel a uma ordem cronológica, mas basicamente foi essa a sequência.

Meu espírito com asas gigantes nunca me permitiu manter os pés presos ao chão por muito tempo. Sonhava alto, e minha postura até o momento era condizente. Eu não negava esforços para crescer, produzir e cada vez sonhar mais alto. Um exemplo claro foi o nome que dei à minha empresa de produção musical que começou em 1989: *Top Link Music* — "enlaçar músicas nas alturas" e conectá-las. Um sentido metafórico; porém, a primeira logo da empresa, em formato de globo, trazia a real essência da ideia. Para um mexicano que morou na Espanha, vivia na Inglaterra e não ficaria ali por muito tempo, estar nas alturas era algo eminente. Eu queria uma empresa que funcionasse em qualquer lugar do mundo. Um amante da música que idolatrava o rock, mas não se limitava a lidar somente com este gênero musical. O intuito era romper fronteiras, buscar alto as canções e semeá-las por todos os cantos da terra. Por meio do meu trabalho, queria prestar um serviço, possibilitando que outros também pudessem conhecer, aprender e sonhar. A música sem barreiras é uma dádiva, e eu queria que as pessoas pudessem sentir a emoção que eu sentia. Esse era meu ofício, além de transportar do rádio e levar a emoção a muitos que sonhavam em ver sua banda predileta tocar ao vivo em sua cidade. Gerar a Top Link Music e fazer de minha profissão a música não se resumia apenas a lucro. A paixão sempre foi o combustível principal em tudo isso, e a ostento até hoje.

Minha nova fase na Inglaterra a cada dia ampliava meus horizontes, e passei a colecionar uma série de novas oportunidades. A consolidação nos negócios ainda era um objetivo distante, mas o bom relacionamento que eu vinha conquistando com pessoas de certa forma influentes no mundo da música só me auxiliava a encurtar o trajeto. Seguíamos assim, eu e minha câmera fotográfica, companheiros inseparáveis, registrando tudo a todo momento, degrau por degrau, tijolo por tijolo, estrela por estrela. Aliás, uma constelação, celebridades do mundo da música que se faziam reais à minha volta.

Lembro-me de que certa vez, por intermédio de um amigo influente, pude participar de uma festa incrível no centro de Londres. Nessa ocasião estavam reunidas estrelas como Paul McCartney, Ringo Starr, George Harrison, os integrantes do The Who, do Def Leppard, do Queen. Fiz fotos incríveis, um momento surreal, mágico, e ainda, como se não bastasse, fui convidado a jogar uma partida de futebol com os caras do Def Leppard (fato que ocorreu alguns dias depois do evento). A parte ruim foi ter perdido minha câmera fotográfica com todas as imagens da festa e da partida de futebol. A câmera foi roubada de dentro do meu carro (o famoso carro-bomba). Nela estavam as relíquias que eu guardava a sete chaves e que ficaram apenas na memória, mas sou grato a Deus por ter vivido aquela incrível experiência.

Continuava em Londres, e essa cidade gerava inúmeras oportunidades, a todo momento, a cada dia. Eis uma terra sagrada. Seu solo fértil faz brotar a todo instante inúmeros talentos, seja na música, na literatura, no cinema. A história confirma tudo isso. Uma infinidade de estúdios está espalhada por Londres, e neles os músicos podem contar com bons equipamentos. Toda a estrutura facilita muito e é um estímulo constante, sem contar os bares que abrem espaços para apresentações. Não foi à toa que até mesmo eu pude ter uma banda — sim, a Blue Star. Eu, que nunca tive afinidade com instrumentos musicais, era o "baterista" (melhor não entrar em mais detalhes). Foi uma ótima experiência para mim — sinto apenas por aqueles que me viram tocar e por aqueles que tocavam comigo...

Londres é assim, exalando sempre história, cultura, música, artes... Sua imponente arquitetura, seu povo educado, cheio de boas maneiras. Seu Tea O'Clock. A eficiência de seu metrô, com mais de 150 anos de história, suas ruas, suas pontes, parques, teatros... Suas noites frias cheias de encantos, as luzes refletidas no Tâmisa, o *fog* que se espalha cobrindo as torres com seu manto de mistérios... Londres, que me ensinou a ser pontual, um homem mais responsável, e cumprir regras e obrigações, me banhou com sua rica cultura e me fez uma pessoa melhor, com visão mais ampla e globalizada. Posso dizer que boa parte de minha formação como pessoa teve influência direta dessa maravilhosa cidade.

Como falei anteriormente, um dos motivos de meus pais se mudarem para a Inglaterra foi a questão de escreverem uma trilogia sobre pontos importantes da cultura britânica, como as lendas do Rei Arthur, as histórias e as influências da civilização celta em toda a Grã-Bretanha, e outros fatos históricos preenchidos de mistérios e misticismos. Com o intuito de pesquisar e coletar material para o livro, meus pais e eu (agora trabalhando como fotógrafo oficial das jornadas investigativas) percorremos quase toda a Inglaterra, visitando cidades e pontos turísticos incríveis como Liverpool, Manchester, Southampton, York e Birmingham. Vi coisas fantásticas como Bath, no Condado de Somerset, Stonehenge, na planície de Salisbury, as ruínas da Abadia de Glastonbury, em Glastonbury Lake Village, e muitos outros. Em todos os lugares, cada jardim, estrada, parede, pedra contava um pouco das inúmeras lendas e histórias da magnífica Inglaterra. Para mim, fantasmas de roqueiros, de escritores e de cavaleiros caminhavam juntos por cada canto. E, claro, não poderia deixar de citar os Crop Circles, famosos círculos que surgiam nos campos britânicos, aqueles que aparecem na capa de um disco do Led Zeppelin. Como eles foram feitos, e se são verdadeiros, realmente não posso dizer. Falo apenas que a energia sentida em meio a eles é algo inexplicável.

Toda essa sublime oportunidade, de viver e caminhar pela Inglaterra, fez de mim um ser ainda mais místico, respeitador de todas as crenças e ideologias, etnias e culturas. Isso se reflete em minha postura com relação à vida e ao relacionamento com as pessoas. A pluralidade em que vivo exige uma força e uma compreensão em níveis maiores. Busco sempre a justiça, a bondade e o respeito, e carrego todas essas virtudes ao meu meio social e profissional. Seria hipócrita dizer que ostento a perfeição, mas de acordo com toda a educação e todo o aprendizado que tive, posso afirmar que me esforço ao máximo para que as coisas caminhem sempre da melhor forma possível.

Todo o misticismo e a sensibilidade que carrego, creio serem de suma importância no trato com os artistas. Cada um deles possui uma história, uma crença, uma alma diferenciada. Portanto, reafirmo que todo esse aprendizado místico ajudou-me muito a respeitar e a lidar com cada profissional que felizmente cruza o meu caminho. Muitos deles se aproximaram ao perceber que eu não era apenas um empresário visando lucros. Foi assim que pude ter conversas sobre assuntos vinculados a misticismo e antropologia com muitos de meus ídolos. Lembro-me de conversas intensas com Ronnie James Dio, Matthias Jabs, Rudolf Schenker, Klaus Meine, Christofer Johnsson, Andre Matos, Jon Anderson, Fernando Olvera, Kate Pierson, Steve Hogarth, Bruce Dickinson, entre outros. O curioso é que, na minha opinião, esses artistas de alguma forma possuem algo em comum quanto à sensibilidade, cultura e conhecimento. Artistas fantásticos, que me proporcionaram momentos agradabilíssimos, a chamada conversa intelectual — como se diz no Brasil, o típico "papo-cabeça".

 É incrível pensar que minha estadia na Inglaterra foi como cursar uma faculdade, em que você tem a teoria e também a prática. Tive muitas horas de teoria, mas os momentos de prática, o chamado laboratório, foi fundamental. Confesso que fui muito intenso nas aulas de laboratório, mas não poderia ser diferente, é assim que sempre fui. A velha Inglaterra dava-me material suficiente para ir distante, muito além das overdoses de *fish and chips,* que depois passaram a ser de *chicken and chips.*

 Por falar nesses alimentos, lembro-me de que meu último dia de *fish and chips* foi após o meu "carro-bomba" ter sido guinchado. Tinha acabado de sair de um festival de rock. Havia estacionado em local proibido (coisa comum em minha vida londrina). Com o dinheiro contado, quase morrendo de fome e sem muita opção, dei minhas derradeiras mordidas no nefasto alimento (com todo o respeito aos que o amam). Mas entre trancos e barrancos tudo acabava se resolvendo.

Preciso admitir que a Inglaterra me obrigou a ser um expert nas questões contábeis, visto que, diante da coleção de multas que arrecadei, precisava fazer contas e mais contas. Quem ganhou com isso? O tesouro do Reino Unido, certamente. Eles são muito eficientes em quase tudo que fazem. Ainda penso se os oficiais britânicos não estariam disfarçados de árvores, pois mesmo sem vê-los, eles apareciam do nada para desferirem suas dolorosas multas. Por exemplo, como poderia ter ocorrido tal situação que vou relatar agora? Ao sair de um show em que eu acompanhava uma banda chamada Los Manolos (banda do estilo Gipsy Kings, que tocava *covers* dos Beatles e que obteve grande sucesso na Europa na década de 90), após ter tomado uma doce "sangria", peguei meu famoso "carro-bomba" e dirigia para casa, quando cometi uma pequena infração de trânsito. Fiz uma conversão proibida na Oxford Street, em um percurso de dez metros. Lembro-me de que, antes de efetuar minha singela infração, me certifiquei de que não havia absolutamente ninguém para testemunhar, exceto, à minha direita, apenas um mendigo sentado na calçada. Logo ao virar, em questão de segundos fui cercado por quatro carros de polícia. Sim, quatro carros, para meu espanto! Pediram-me para que parasse e saísse do veículo. Fui obrigado a fazer o teste do bafômetro. Prevendo isso, segundos antes havia colocado em minha boca cerca de seis balas mentoladas. Puro desespero! Graças a Deus, o resultado foi negativo. Não fui preso, apenas multado em decorrência da infração. Agora me pergunto: seria o mendigo um policial disfarçado? Ou era meu famoso "carro-bomba" que atraía toda a atenção da polícia britânica? Penso no perigo que corria ao estar por tanto tempo com aquele veículo. Mas, antes de vendê-lo, ele iria acompanhar-me numa última jornada, um *grand finale*.

Foi num dia em que me aventurei como entregador. Precisava trabalhar enquanto não surgiam novas oportunidades com a música. Um amigo, com o intuito de me ajudar, deu-me o emprego, e logo cedo, às oito da manhã, estava eu pronto a cumprir minha primeira jornada como mensageiro. A tarefa? Efetuar uma entrega nos arredores de Londres, uma caixa que eu não fazia a menor ideia do que continha, e tinha apenas uma etiqueta dizendo "entrega urgente". Era a missão, e eu estava determinado a realizá-la. Apenas por um pequeno detalhe — diria, um pequeno *"rock-lapso"*. No trajeto resolvi dar uma passada na Tower Records só para ver o que teria na programação daquele dia; seria coisa rápida. Todos os caminhos levam a Roma, assim como todos os caminhos me levavam ao Piccadilly, e obviamente à Tower Records. Parei o "carro-bomba", me certifiquei de que era uma vaga permitida, e fui até a loja. Na parede um cartaz anunciava a apresentação de uma banda chamada Little Angels. Fiquei tão empolgado que resolvi ficar ali e esperar. Passei pela tarde de autógrafos e, de sobra, assisti ao *pocket show*, que começou às 16 horas.

Tudo perfeito, até eu olhar em meu "tijolo" de celular e perceber que havia mais de 25 ligações. Em minha cabeça as palavras "entrega urgente" ressoavam como os sinos do inferno; como minha vida é uma trilha sonora, AC/DC acabava de tocar em meus pensamentos. Enfim, estava feito, ou melhor: não havia feito. Perguntei a mim mesmo, numa espécie de consolo: quão urgente seria a entrega do pacote? Urgente? Cada um tem sua urgência, talvez não fosse tão urgente assim... Era urgente, bastante urgente. Tão logo saí da Tower Records, efetuei a entrega do pacote ("entrega urgente"...). Já passava das 18 horas. Nem preciso dizer que perdi o emprego e o amigo. Culpei a música e a Tower Records por todo aquele infortúnio, mas tudo da "boca pra fora". Me senti um pouco mal com a situação, confesso, mas logo em seguida pensei alto: "qual será a apresentação de amanhã na Tower Records?" Me senti mal por não me lembrar — teria de voltar na manhã seguinte para conferir. Bendito seja o vício pela música.

Como disse, Londres oferece oportunidades incríveis, porém é necessário estar sempre atento e bem informado para não perder nada. Apresentações-surpresa ocorrem o tempo todo, em galerias, em pubs, em teatros, nos lugares mais inusitados. E eu, como amante da música, aspirante a profissional no meio musical, queria estar inserido em qualquer ínfima manifestação, e continua sendo assim até hoje. Eu gero a oportunidade, não a espero cair em meu colo. Foi dessa forma que obtive as maiores conquistas e vitórias. Sair de casa e abraçar o mundo é parte natural de meu ser, como beber água, como respirar.

O verão chegava, e junto com suas peculiaridades, trazia à minha alma certa ansiedade. Tinha tudo o que sonhava, mesmo enfrentando algumas dificuldades. Sentia falta do sol e do calor humano, morava na Inglaterra, mas nas minhas veias ainda corria meu quente sangue latino, do qual sempre me orgulhei.

Sendo assim, em um dos raros dias de sol eminente, resolvi desfrutar do calor e refletir sobre a vida. Queria apenas relaxar, deixando que os pensamentos viessem com o vento suave que soprava no dia ensolarado. Com roupas adequadas para curtir o calor, peguei meu veículo (não era mais o "carro-bomba" — havia conseguido me livrar dele) e parti em direção ao Richmond Park, amplo e belo lugar onde cervos, esquilos, eu e outros "branquelos" estaríamos buscando o desejado sol que aparecera após meses de ausência.

Estava tudo perfeito naquele dia. Já ao acordar percebi que lá fora estava tudo especialmente belo, sem nenhuma nuvem no céu. Aquilo era sem dúvida uma raridade. Diante daquele espetáculo, resolvi que largaria tudo e ficaria exposto ao sol até o anoitecer. Preparei sanduíches, peguei algumas bebidas, meu bronzeador, meu *disc-man*, uma toalha, e fui em direção ao parque para consolidar minha glória. Chegando lá, procurei o melhor lugar, estendi minha toalha, passei meu óleo bronzeador e, quando estava prestes a deitar e relaxar, eis que vejo as cortinas do céu se fecharem por completo. Nuvens escuras cobriram o firmamento com uma agilidade desesperadora, e assim permaneceram pelo resto do mês, ou do ano...

Com o céu escuro, o vento gelado que acabava de surgir, o corpo coberto de óleo bronzeador e o rosto deformado pelo ódio, resolvi que precisava fugir. Sim, mesmo amando tudo o que me cercava (não amava tanto naquele momento), abruptamente descobri que dependia muito de calor, e era disso que eu necessitava. Descobri isso naquele momento: a certeza veio com as nuvens negras. Surpreendentemente, em meio a todas as minhas recentes conquistas, em meio a todas as oportunidades que a Inglaterra me oferecia, decidi que precisava partir. E, aproveitando que meus pais, após terem concluído os três livros, retornariam ao México para começar um novo projeto, vi-me pronto a voltar, após 11 anos. Ainda no calor do momento, prometi a mim mesmo que só retornaria à Inglaterra em grande estilo, segundo meus sonhos me conduzissem.

That one last shot's a Permanent Vacation
And how high can you fly with broken wings?
Life's a journey not a destination
And I just can't tell just what tomorrow brings

Aquele último tiro são umas férias permanentes
E quão alto você pode voar com asas quebradas?
A vida é uma jornada, não um destino
E eu não posso dizer nem o que o amanhã trará

Aerosmith — Amazing

MÉXICO, 1995.
UM RECOMEÇO, MAS AGORA COM MUITA EXPERIÊNCIA NA BAGAGEM

Chego ao México, de certa forma, feliz por reviver minhas memórias de infância. Haviam-se passado onze anos desde que deixei minha cidade, e o panorama era outro. Sentia-me mais confiante devido a todas as minhas aventuras ao longo do tempo, e estava ansioso para reencontrar meus amigos e contar a eles todas as minhas façanhas. Mas ainda precisava esperar um pouco, pois havia aportado na cidade de Cuernavaca (chamada de Eterna Primavera), próximo à Cidade do México, distante de Guadalajara.

Nos meses que se seguiram, a Deyse e eu passamos os dias viajando a vários lugares do México. Queria mostrar-lhe cada detalhe, mas acima de tudo eu matava a saudade das coisas de que mais sentia falta: o calor do sol, a praia, a comida e seu peculiar tempero, a proximidade das pessoas, as cores vibrantes, o som que ecoava nas ruas, as feiras livres que exalavam o perfume das frutas e verduras, com os alimentos que eram preparados nas barracas. Seis meses desfrutando tudo aquilo que o meu país oferecia de melhor, e iríamos curtir tudo e mais um pouco. Digno de um turista, eu percorria caminhos que pareciam ainda mais brilhantes e cheios de vida, e me sentia verdadeiramente em férias no paraíso. Passei muito tempo em Londres, mergulhado em trabalho, tenso, tentando me adaptar, precisando falar uma língua que não era a minha, tentando absorver outra cultura. Por mais que eu seja um cara globalizado, com uma visão bem ampla, minhas raízes se fazem por vezes carentes de ser regadas. Necessito da calmaria e da tranquilidade que as terras tropicais sugerem. E, dessa forma, aproveitei tudo com intensidade, até que finalmente chegou o dia de retornar à minha linda cidade natal, a cidade *"Dos tequilas"* e *"Dos Mariachis"*, Guadalajara.

O caminho que nos levava até Guadalajara, foi decidido que seria feito de carro. Queria pegar a estrada e sentir a emoção de cada palmo de chão até a chegada, entrar na cidade como um astro, pois era assim que eu me sentia. Com um Chevrolet vermelho Z 24, motor V6, percorri cerca de 600 quilômetros e cheguei por volta de 21 horas. A primeira coisa que fiz foi afundar meus dentes em uma grande quantidade de deliciosos tacos (até hoje estou tentando digeri-los), em um local que eu frequentei por muitos anos. Após devorar pilhas de tacos, percorri toda a cidade, fui a todos os pontos que traziam doces memórias, lugares que marcaram minha história. Além de mostrá-los à Deyse, eu queria revivê-los um a um. Quando me dei conta, já passava da meia-noite e nós ainda vagávamos pela cidade. Foi um momento de grande emoção que só iria se intensificar, pois logo em seguida chegaria à antiga casa de meus pais, local onde funcionou também a escola. Era nosso lar e também nosso ambiente de trabalho. Era lá que eu ajudava a vender os sanduíches nos intervalos das aulas.

Realmente, foi muita emoção para um dia só. Precisava ir muito além para realizar meus sonhos, mas me sentia vitorioso por estar progredindo na vida, e uma sensação de orgulho me invadia. Sabia que não ficaria para sempre no México, mas no tempo que eu ali permanecesse, trataria de dar continuidade aos meus negócios com a música e iria rever todos os meus amigos. Buscaria um a um. Seria fundamental compartilhar com eles todas as emoções que vivi, as muitas novidades a serem divididas. Me sentia como um cavaleiro templário voltando de uma cruzada, com a necessidade extrema de confessar suas glórias, crimes, alegrias e decepções.

E foi assim, de peito aberto, que fui buscá-los, mas o resultado seria de certa forma frustrante. A maioria de meus amigos não estava mais na mesma sintonia que eu. O tempo para eles havia passado de forma cruel, eu diria. Alguns se haviam afundado nas drogas, outros tinham casado e estavam com filhos e cheios de contas em casa, e nem sequer conseguiam prestar atenção àquilo que eu falava. Descobri que outro amigo querido havia sido assassinado, e outros já se haviam mudado de cidade. Obtive sucesso apenas com duas pessoas. Um deles mostrou-se empolgado, mas logo se afastou, pois estava casado com uma esposa extremamente ciumenta. E o outro, por ser médico e possuir uma rotina puxada, mal tinha tempo de estar comigo. Decididamente o tempo havia passado de forma extrema e distinta entre nós. Vivíamos situações opostas, eu com minhas conquistas e dificuldades, e eles com as suas, porém, eu diria que mais dificuldades do que conquistas.

Apesar de minha frustração, realmente senti certo alívio por ter sido ousado, por ter vencido o medo e as frustrações e ter-me lançado na vida. Claro que o apoio e a pró-atividade de meus pais no passado haviam sido fundamentais para minha decolagem, mas muito também foi fruto de minha própria ousadia e ânsia de conquista. Sou grato ao meu espírito inquieto, por direta ou indiretamente ter-me tirado na zona de conforto e me lançado em terras londrinas, e me ajudado a enfrentar o frio, a dúvida, o medo e o cansaço. Por ter-me levado a conhecer a grandeza da cultura britânica, suas regras, sua cobrança implacável, suas oportunidades vastas, sua infinidade de espetáculos.

Foi com tristeza que vi meus amigos distantes de mim, mas fiquei aliviado por sentir que eu estava no caminho certo e que deveria cada vez mais ampliar meus horizontes, e faria das lacunas uma oportunidade. Faria novas amizades, faria prosperar os meus negócios com a música, buscaria novos parceiros e dali mesmo recomeçaria minhas atividades, até o momento em que meu espírito me convidasse a outras jornadas.

Como seria esse recomeço? Na sequência dos dias, projetei alguns passos e passei a aplicá-los um a um. Fui a rádios, busquei promotores de shows, mas sabia que nada seria fácil no início. Por mais que eu já tivesse um pouco de experiência, os promotores locais não me dariam muitas oportunidades. Uma opção seria importar da Espanha algumas atrações e fazê-las se apresentarem no México. Lembrei-me de quando levei a banda espanhola Seguridad Social a Londres, e, visto que ela fazia grande sucesso também em toda a América Latina, imaginei tratar-se de uma grande oportunidade. Entrei em contato com o empresário da banda, que prontamente se colocou à disposição para fazer negócios e já me ofereceu outras seis bandas. Assim, com algumas opções, passei a ser visto com mais credibilidade pelos empresários, e as portas mexicanas começaram a se abrir mais facilmente.

As bandas com as quais eu trabalhava faziam grande sucesso em toda a Espanha, porém no México eram apenas conhecidas. Isso me obrigou a ter de divulgá-las de uma forma mais intensa, o que acabou sendo uma grande oportunidade, visto que assim pude conhecer pessoas influentes da indústria fonográfica e dos meios de comunicação em geral. Não imaginava que isso seria o início de minha consagração. Seguia apenas minha intuição e estava determinado a fazer o possível e o impossível para que tudo desse certo. Meu desafio inicial seria mostrar a todos uma nova concepção, a efervescência musical que acontecia em toda a América Latina, na Europa e nos Estados Unidos; mostrar que tudo isso estava acessível ao público mexicano. E além do mais, para que eu tivesse êxito, precisava fazer algo diferente do que estava sendo praticado até aquele momento. Plantei a semente do "novo" em todo lugar, e para meu espanto, tudo floresceu num piscar de olhos. Usei tudo o que eu tinha de mais precioso: meu conhecimento, as amizades e os contatos que havia feito pelo mundo.

A minha visão era globalizada. Havia sobrevoado e mergulhado num universo fabuloso, e isso me dava uma grande vantagem. As atenções começaram a se voltar para mim. A crítica mexicana passou a acompanhar meus passos e a divulgar minha proposta simples, porém ousada, de trazer outros ritmos, novos cantores, novas bandas e novos conceitos. Preparei o solo e espalhei as sementes, cujos frutos seriam fartos. Tudo aconteceu rapidamente. Visualizei as chances e tratei de agarrá-las, icei velas e desfrutei os bons ventos que sopravam.

Abri outra empresa, que funcionava como gravadora, importadora e distribuidora de discos, e passei a explorar melhor o segmento fonográfico, pois os mexicanos tinham um acesso muito restrito. De forma dinâmica, cobri o território com tesouros sonoros: novidades e clássicos agora eram adquiridos e levados a milhares de lares, direta ou indiretamente. A boa música tornou-se acessível, as rádios ampliaram suas programações e novos sons passaram a ecoar por todo o país. As pessoas passaram a conhecer mais, e consequentemente a querer assistir a mais shows, e assim eu continuaria me beneficiando. Sim, de alguma forma eu havia influenciado todo um país, e isso para mim era a glória. Olhar para trás e ver o quanto minha paixão havia criado era algo indescritível.

Incrivelmente, o caminho estava projetado e se mostrava completamente favorável, principalmente no aspecto financeiro. As coisas definitivamente estavam melhorando, a ponto de eu poder escolher precisamente minhas próximas ações. O nome da minha empresa, Top Link, tornava-se cada vez mais forte e reconhecido. Ela rompia cada vez mais as fronteiras e se conectava a vários pontos do planeta, e o sonho se fazia realidade cada vez mais consistente. Um dos pontos importantes foi conduzir meus negócios com visão globalizada. Rompi barreiras e trabalhei forte, principalmente para mostrar às pessoas de meu país que elas precisavam ampliar seus horizontes de uma forma geral, principalmente nas questões culturais e musicais. Para mim, era um objetivo além do financeiro, era também ideológico. Queria compartilhar através da música os sentimentos que ostentava em minha alma, das inúmeras maravilhas que o mundo oferecia, das diversas histórias e os feitos de artistas espalhados pelo planeta. A música tem o poder de transformar, de educar, de estimular a criatividade, de agregar, de gerar novas amizades e novos conhecimentos. Não é exagero dizer que a música é uma dádiva sagrada, e consequentemente eu era um instrumento do Deus da música. Sinto-me privilegiado por fazer aquilo que amo, e serei sempre grato.

Num piscar de olhos, um ano e meio havia-se passado desde que retornei ao México. Via ao meu redor uma evolução fantástica. Tudo conspirava positivamente a meu favor, e foi assim que aproveitei o bom momento para contrair matrimônio. Foi nessa época que tomei uma de minhas melhores decisões empresariais de toda a vida: que a Deyse passasse a gerenciar a Top Link, colocando ordem nas finanças da empresa. Sempre fui bom para negociar, porém confesso que organizar as contas não era o meu forte. Deyse trazia, junto com suas habilidades e sua inteligência, uma grande força, proporcionado um novo e eficaz estilo de administrar, e graças a tudo isso tivemos a possibilidade de projetar outros negócios.

    Sentia-me realmente feliz. Por vezes pensava sobre aquele dia frustrado no Richmond Park de Londres, e me lembrava da chuva fazendo derreter o bronzeador, e de como um céu azul tornara-se escuro como as profundezas do inferno. Creio que, apesar da frustração daquele nefasto dia, o destino conspirou favoravelmente e mudou as coisas para que houvesse um crescimento. Na minha concepção, a vida é feita de etapas, e mesmo sem eu ter-me dado conta, precisava recomeçar, e o retorno ao México foi fundamental. Na verdade, tudo estava interligado: prosperar como eu vinha prosperando seria quase impossível sem eu ter vivido na Inglaterra. Aquele magnífico lugar teve papel decisivo, e relevou todo e qualquer dia cinzento que vivi por lá (e olha que foram muitos).

    Em nossa primeira casinha, a Deyse e eu, além de celebrarmos nossa feliz união, projetávamos novos horizontes para a Top Link Music. Aquela pequena casa abrigava sonhos que tomariam proporções gigantescas. Foi ali que criamos fontes para a geração de novos recursos, diferentes das que eu já havia feito, e isso só foi possível graças ao suporte administrativo e a eficiência da Deyse. A solidez com que ela conduzia as coisas me dava ainda mais segurança e tempo para criar. Com alicerces fortes, conseguíamos pensar em novas ações. Foi assim que criamos nossa gravadora e distribuidora de CDs, e compartilhamos com os mexicanos boas doses de metal melódico, rock progressivo, instrumental e pérolas do rock clássico. Nomes como Rick Wakeman, Keith Emerson, Tony Levin, Steve Porcaro, Derek Sherinian passaram a ser mais ouvidos, e seus respectivos materiais estavam à disposição nas lojas. Tentava de várias formas quebrar paradigmas, romper barreiras de preconceito em relação a algumas questões musicais. As pessoas estavam restritas a ouvir sempre as mesmas coisas e os mesmos hits. Tentei mostrar que mesmo a música executada por profissionais de outras línguas e outras culturas também merecia atenção.

Artistas que haviam pertencido a grandes bandas, ou mesmo aqueles que se aventuravam a projetos paralelos, também mereciam ser ouvidos. Meu lema era: "você pode não gostar, mas precisa ouvir melhor". Tentei mostrar sempre a história e a essência por trás de todo artista, por trás de cada música e de cada gênero. Não o fazia por questões meramente financeiras. Volto a dizer: fazia por convicção mesmo, com paixão, com necessidade de compartilhar e expandir os horizontes da mente e da percepção. Novas parcerias, novas tendências precisavam ser divulgadas, e essa seria nossa grata missão.

Uma grande sacada foi realizar o show de Emerson, Lake & Palmer na cidade do México, no dia 11 de outubro de 1997. A ideia era reforçar o selo musical Magna Carta (nossa gravadora e distribuidora, empresa vinculada à Top Link), que trazia relíquias do rock progressivo a todas as lojas de discos do país. Eram 38 títulos, um prato cheio dedicado aos amantes do gênero. O selo reunia trabalhos de artistas consagrados que fizeram parte do Yes, King Crimson, Emerson, Lake & Palmer, entre outros. O intuito foi reagrupar bandas de rock neoprogressivo aos grandes artistas que estouraram na década de setenta, e um dos resultados dessa fantástica mistura foi o projeto "Liquid Tension Experiment", que contava com Mike Portnoy e John Petrucci, do Dream Theater, e Tony Levin, do King Crimson. Foi lançada também uma série de discos intitulados "Titanes", que faziam tributos a bandas como Jethro Tull, Genesis, Yes, Pink Floyd e Rush. O selo Magna Carta trazia o que existia de melhor dentre uma variada gama de estilos, sons de vários países e elementos característicos de cada um deles. Rock progressivo, new age, música eletrônica, metal melódico e música gótica eram apenas alguns exemplos do vasto acervo de lançamentos.

Em meados de 1999, continuava levando as coisas a todo vapor, e sempre interligadas. Semeava boas ideias, executava-as e acabava colhendo bons frutos. Estava empolgado com a tarefa de espalhar música, levar cultura e entretenimento. Lançávamos e distribuíamos discos, e paralelamente trazíamos shows e realizávamos workshops. Aliás, estes se tornaram cada vez mais frequentes, pois se tratava de um ótimo negócio. Eventos similares, como a Expo Rock, que em sua primeira edição contou com as participações de Derek Sherinian, Dave Snake Sabo e Matt Sorum, também faziam parte das atividades.

Minha conexão Brasil–México deu-se exatamente nessa época. Denomino assim a fase de divulgação da cultura musical e dos shows de bandas brasileiras em terras mexicanas. Minha relação com o Brasil já vinha de alguns anos. Eu tinha amigos brasileiros, muitos contatos comerciais por lá, e principalmente por ser a nacionalidade da Deyse. Tudo isso fazia com que eu alimentasse um carinho especial por esse grande país da América do Sul. Como forma de melhor preparar o terreno, comecei a divulgar a nova fase musical brasileira. Até então o que se conhecia musicalmente do Brasil eram grandes nomes como Tom Jobim, Gilberto Gil, Caetano Veloso, Tom Zé, Milton Nascimento, Ney Matogrosso (Secos e Molhados), Elis Regina, Chico Buarque, Jorge Ben... Como disse anteriormente, o Brasil gerava uma nova e rica safra. Nomes importantes como Paralamas do Sucesso, Titãs, Barão Vermelho, Legião Urbana e Sepultura (que começou suas atividades em 1984, mas seria mundialmente conhecido mais para o final da década) já vinham ampliando os horizontes da música brasileira, mas o país ganharia uma nova cara. Lenine, Carlinhos Brown (que havia participado de uma das faixas do disco Roots, do Sepultura, em 1996), Mundo Livre S/A, Chico Science & Nação Zumbi, Skank, Cidade Negra, Marisa Monte, Fernanda Abreu, agora eram mais ouvidos por todo o México. Festas e eventos eram ótimos canais de divulgação. O grupo Lula & Afro Brazil levou ao vivo os elementos brasileiros a várias casas de shows, um frenético ritmo de tambores que mostrava um importante aspecto cultural.

Dando seguimento aos inúmeros projetos e à conexão Brasil-México, pude levar a banda Angra, que era formada na época pelos músicos Luis Mariutti, Ricardo Confessori, Rafael Bittencourt, Kiko Loureiro, e André Matos no vocal. Essas pessoas teriam um papel importante em minha vida, mas falarei mais no momento apropriado. Digo apenas que minha relação de amizade com a banda foi bastante significativa, principalmente, naquele momento, com o vocalista Andre Matos, que passou a ser destaque na mídia mexicana. O Andre foi o primeiro integrante da banda que eu conheci pessoalmente, por intermédio de um agente americano que me ligou e pediu para que eu ajudasse o vocalista do Angra a divulgar o trabalho de sua banda em terras mexicanas. Aceitei prontamente, e quando Andre chegou ao México, fizemos juntos todo o serviço de divulgação, o que, aliás, deixou-o bastante impressionado pela eficácia e pela proporção que tomou. Mal sabia que essa recente e despretensiosa ação desencadearia no futuro uma relação mais estreita com todos os outros integrantes da banda, e os primeiros frutos seriam colhidos em menos de quatro meses, com a primeira *tour* do Angra no México.

O Angra nasceu em 1991, e no final da década de 90 adquiria cada vez mais popularidade internacional, principalmente na Europa e no Japão. A banda tocou numa nova edição do projeto Expo Rock, que também contou com uma oficina de música com o tecladista Derek Sherinian e as apresentações das bandas

Azul Violeta e La Dosis. Além dessa participação do Angra no evento, a Top Link começava a distribuir por todo o México seis álbuns da banda: Angels Cry (1993), Evil Warning (1994), Holy Land (1996), Freedom Call (1996), Holy Live (1997) e Fireworks (1998). Em uma matéria do jornal La Cronica de 29 de abril de 1999, o jornalista Jesús Quintero escreveu sobre o competente som dos músicos e sobre suas maiores influências. Várias matérias destacavam a banda como um "rock progressivo sem horizontes". Faço questão de contar essas histórias, pois me sinto feliz e honrado por ter auxiliado de alguma forma a divulgar o trabalho dessa grande banda e de outros músicos brasileiros em território mexicano. Naquele momento eu ainda não sabia, mas no futuro o Brasil seria minha nova casa, e tudo isso faria parte de uma forma mais efetiva em minha vida.

Em minha contínua caminhada em busca de novos ritmos e estilos musicais, tive a sorte de conhecer grandes bandas alemãs, como Blind Passengers, Tanzwut e Rammstein. Isso me levou a conhecer o músico e produtor alemão Christopher Zimmermann, que também era baixista de turnê do Rammstein. Minha amizade com Christopher acabou gerando uma ótima parceria profissional, e ele acabou tornando-se meu sócio em vários projetos. Criamos a conexão Alemanha–México, cuja intenção era levar um competente som industrial preenchido com guitarras e gaitas de fole, principalmente contidos no som medieval do Tanzwut. Basicamente, os integrantes das duas bandas eram amigos de infância do meu parceiro Christopher Zimmermann, que na época de nossa parceria morava em Guadalajara. O Blind Passengers foi a primeira banda a se apresentar na casa de shows Lado B, que nos dias seguintes abriria suas portas novamente para a apresentação do Tanzwut. A banda estava prestes a chegar a Guadalajara, e caberia a mim e ao Christopher a tarefa de buscá-los no aeroporto da Cidade do México. Naquela época, era regra no país que os promotores ficassem responsáveis pelos artistas estrangeiros, bem como por recepcioná-los no aeroporto. Na manhã do dia 9 de novembro de 1999, eu estava em meu escritório à espera de Christopher para irmos ao aeroporto. Ao chegar, Christopher me disse que seria conveniente que eu ficasse, pois no dia seguinte seria aniversário da Deyse, que estava na cidade litorânea de Puerto Vallarta, e aconselhou-me a passar o dia com ela. Pediu-me que, se possível, levasse junto comigo o guitarrista do Blind Passengers e sua esposa, para que eles pusessem conhecer a bela cidade. Fui, relutante, pois estava com a passagem em mãos para a Cidade do México para buscar o Tanzwut e não queria deixá-lo ir sozinho. Mas Christopher parecia decidido, tanto que entrou em minha sala e, sem tomar assento, expôs sua opinião e saiu apressado, sem me dar alternativa. Disse apenas, já na porta, que nos encontraríamos no dia 11 para finalizarmos os preparativos para o show, que aconteceria no dia 12. Sendo assim, arrumei minhas malas e fui buscar o guitarrista do Blind Passangers e sua esposa, e seguimos para Puerto Vallarta.

Por volta das onze da manhã já estávamos na estrada, e em menos de 3 horas chegaríamos ao nosso destino. Mas algo não estava bem. Uma sensação estranha me invadiu já na metade da viagem. Comecei a sentir constantes calafrios e muito enjoo. Maus pressentimentos dominavam minha mente, algo realmente incômodo. Tive medo de que fosse algum mau presságio, algum acidente à vista, e reduzi consideravelmente a velocidade do carro que eu dirigia. Em meio a tudo isso, chegamos ao nosso destino por volta das quatorze horas, graças a Deus, sãos e salvos.

Mais aliviado, levei o casal ao hotel onde ficariam hospedados. Na recepção, enquanto eles faziam o check-in, eu aguardava assistindo TV. Foi quando começou o jornal, e logo de início o repórter anunciava um desastre aéreo ocorrido no México. Obviamente fiquei chocado pela notícia, mas quando anunciaram a lista de mortos, dentre eles constando o nome de

Christopher Zimmermann, é que realmente meu mundo veio abaixo. Chamei os meus amigos e mostrei a eles. Não podíamos acreditar no que estava acontecendo. Parecia uma brincadeira de mau gosto. Incrédulo, liguei para várias pessoas para me certificar, mas o pesadelo era real, a tragédia realmente ocorrera e havíamos perdido um amigo querido. Não conseguia raciocinar direito. Estava em choque. Lembro-me apenas de sair de onde eu estava, caminhar até a praia e entrar na água de roupa e tudo. Queria entender o que estava acontecendo. Acabava de perder um parceiro, e ao mesmo tempo me dava conta de que eu havia sido salvo — mistérios da vida que são difíceis de entender, e talvez devamos apenas aceitar.

Profundamente abalado pela tragédia, e por questões óbvias, pedi o cancelamento do show do Tanzwut, o que gerou alguns descontentamentos, mas, em minha opinião, não havia clima algum para a sua realização. Em uma homenagem póstuma, a banda faria um show acústico com entrada franca, alguns dias após o acidente. E sob as pedras da Pirâmide de Coxala, rodeada por tochas incandescentes, ao som de tambores e gaitas de foles, as cinzas de Christopher eram espalhadas pelo local sagrado.

Apesar da morte do querido amigo, o ano de 1999 havia transcorrido de forma surpreendentemente positiva. Músicas de vários estilos haviam sido levadas ao México, e o público prestigiou em peso cada uma delas. Fui feliz em quase todas as minhas apostas, de Bel Canto a Apocalyptica. Tudo foi sucesso absoluto.

Virada do século, os fogos exaltavam uma etapa conquistada, mais uma página escrita da minha história. Cores rasgam os céus, e as luzes projetam um novo ano de conquistas. O ano de 2000 inicia-se com ótimas perspectivas, inúmeros discos sendo lançados e vários shows em processo de agendamento.

Algo que me trouxe bastante alegria já no começo deste novo século foi saber que eu não era o único integrante da família a ter seu momento de glória com a música. Um primo chamado Fábio Zambrana estourava nas paradas de todo o mundo com a canção "La Bomba". Das inúmeras histórias que envolvem essa música, em uma delas estive presente. A situação aconteceu em uma cidade do México, quando dois candidatos a governador utilizaram a música como tema de campanha eleitoral, e, obviamente, meu primo Fábio estava descontente com isso, pois não havia recebido nada, e muito menos havia sido consultado. Como eu conhecia muitas pessoas da mídia, ameacei levar isso a público. Como todo político teme manchar sua reputação antes das urnas, vimos uma generosa gratificação chegar numa mala, e assim, como um singelo milagre, meu primo teve seus direitos autorais reconhecidos e pagos.

Embalado pelos bons ventos que sopravam, investia em mais shows, que sempre acabavam agradando ao público mexicano. Trouxe o Toto para algumas apresentações e, aproveitando que eu era da gravadora de Simon Phillips, baterista da banda, promovi algumas apresentações solo como parte da divulgação de seus trabalhos mais recentes. Simon Phillips já havia trabalhado com nomes como Jeff Beck, Judas Priest, Gary Moore e Mick Jagger, além de ter participado da turnê do The Who em 1989. Alguns meses depois, foi a vez de a banda inglesa The Orb apresentar-se em Guadalajara, juntamente com seus conterrâneos do System 7. Os shows traziam uma série de equipamentos de alta tecnologia para a época, um espetáculo audiovisual que agradou em cheio ao público, que parecia flutuar no espaço. O The Orb, fundado em 1988, trazia um competente *ambient house,* inspirado principalmente por Brian Eno, Kraftwerk e Pink Floyd (inclusive, alguns anos depois, em 2010, David Gilmour, guitarrista do Pink Floyd, teria grande colaboração em um disco do The Orb chamado Metallic Spheres). Julho trazia consigo uma série de shows e uma grata surpresa. Falarei disso um pouco mais à frente.

Fazia parte de minha estratégia sempre trazer artistas de vários gêneros musicais. A intenção sempre foi levar a diversidade, quebrar a resistência dos mais ortodoxos e mostrar a eles que era possível divertir-se também em outras praias. Reafirmando minha filosofia, logo após um bombardeio de música eletrônica, as boas vibrações do reggae se espalharam pelo México, trazidas pelo carismático Jimmy Cliff e pelo sul-africano Lucky Dube (que perderia a vida tragicamente em 2007, num assalto nos arredores de Joanesburgo. A triste cena ocorreu na presença de dois dos seus filhos).

Outra grande banda que trouxe suas boas energias foi o Inner Circle. Os artistas realizaram shows individuais, e em Cancun tocaram juntos em um festival chamado Caribe Internacional, que foi um verdadeiro sucesso. Antes desse festival, fiz uma série de shows com Jimmy Cliff pelo México. Finalizada a maratona de apresentações, pude ter alguns dias com ele e sua família em um belo resort em Cancun, e criamos uma grande amizade desde então.

O mês de agosto chegava e o coquetel de estilos musicais prosseguia, embriagando o público com os shows das bandas mexicanas Resorte e Sekta Core, new metal e ska de alta qualidade. Das terras geladas da Finlândia, o Stratovarius trazia seu competente *power metal* ao México, e de quebra traziam ainda como convidados os músicos Tony MacAlpine e Derek Sherinian. No começo daquele ano o Stratovarius havia lançado o ótimo álbum Infinite e pisava pela primeira vez em terras astecas. Realizaram um grande show, tanto que a mídia local acabou dando um grande destaque ao evento.

O mês de setembro reservava o espetáculo da grande cantora Teresa Salgueiro e seu Madredeus. O grupo português encantou a todos que haviam comparecido ao Teatro Galerías, com uma mistura de música tradicional portuguesa, música erudita e música popular contemporânea — fora a apresentação comovente, que embalou muitas almas. No mês de novembro, o Stratovarius retornaria para mais uma série de apresentações, seguidos pelos ingleses do Saxon, que fariam cerca de seis datas pelo México. Em virtude dessa extensa turnê, criei uma grande amizade com a banda, mas principalmente com o vocalista Biff Byford, amizade que dura até os dias de hoje.

Volto alguns meses para falar sobre a maravilhosa surpresa que tive. Em meio a tantas coisas boas ocorridas naquele ano, houve uma em especial que mudaria definitivamente minha vida. Em julho de 2000, revelou-se uma das maiores dádivas de minha existência: descobri que seria pai. Diante dessa infinita alegria, a Deyse e eu decidimos automaticamente que iríamos mudar de país. Tal ideia seria improvável um tempo antes, visto que tudo caminhava perfeitamente e o México até então vinha sendo uma montanha de crescimento. Apesar de tudo favorável profissionalmente, o país enfrentava um problema crônico de segurança, particularmente para mim, que me tornava uma figura cada vez mais pública. Ameaças de sequestro eram constantes, e agora, sabendo que seria pai, sentia-me na obrigação de buscar um lugar mais seguro para minha família. Uma das inúmeras curiosidades que envolvem a paternidade é o fato de você passar a temer mais certas coisas que outrora seriam irrelevantes. Passamos a cuidar mais de pequenos detalhes, principalmente no que tange à família. Zelo na mais pura essência.

Com base na expectativa de nos tornarmos pais, somada à promessa que um dia eu havia feito à Deyse, de que em algum momento moraríamos no Brasil, decidimos que era a hora de cumprir a promessa: nos mudaríamos para o Brasil, precisamente para a cidade de Curitiba. Meus pais estavam morando lá e me haviam passado boas referências; a cidade oferecia um dos maiores níveis de qualidade de vida do país. Trata-se de uma cidade colonizada em grande parte por imigrantes europeus (italianos, poloneses, ucranianos e alemães), rodeada por araucárias (árvores típicas cuja abundância acabou dando nome à cidade), bem organizada, famosa pelo seu urbanismo, projetos ousados e belos parques.

Sem parar para pensar muito, apenas tomamos a decisão e tratamos de executá-la passo a passo. Era uma escolha complexa, visto que teríamos de nos adaptar a uma nova realidade. Mas era um panorama relativamente favorável, já que tínhamos uma referência. Seria um recomeço, mas isso não era problema, pois já havia superado situações muito mais adversas. Havia apenas um detalhe: tínhamos pouco tempo para partir.

O processo de transição começou a revelar algumas questões óbvias. Não poderíamos perder tudo o que havíamos construído. Tínhamos um nome a zelar, dezesseis funcionários que dependiam de nós e, principalmente, nossos clientes. O plano era continuar promovendo eventos, trabalhar de forma contínua e, paralelamente, ir preparando os detalhes da nossa mudança. Mas as coisas se tornaram mais complexas do que havíamos imaginado. Teríamos poucos meses para organizar tudo e nos mudar. Dezembro seria a data da partida. Passei o segundo semestre de 2000 promovendo uma série de shows, enquanto minha cabeça já estava em outro país. Sinto orgulho de confessar que honramos nossos compromissos e realizamos todos os espetáculos com muita eficiência. Permanecemos centrados o tempo todo, mesmo nos sentindo no meio de um furacão. Tínhamos infinitas coisas a fazer antes de alçarmos voo, e mesmo assim, creio que fizemos o melhor naquelas circunstâncias.

O ano estava quase terminando e nossa partida estava próxima. Queríamos fechar uma fantástica e relevante etapa com chave de ouro. Assim, pensei em realizarmos um último show no México, mas ainda não tinha ideia de quem poderíamos trazer. Um de meus artistas prediletos naquele momento era a banda franco-espanhola Mano Negra. Seu ritmo contagiante e suas músicas preenchidas de uma temática cultural extremamente rica encantavam não só a mim, mas a milhares de pessoas em todo o mundo. A banda já se havia apresentado na lendária casa de shows Roxy, na cidade de Guadalajara, e o sucesso fora incrível. Aproveitando que um grande amigo jornalista tinha contato com o vocalista da banda, pedi para que lhe fizesse o convite e o trouxesse até o México para sairmos para jantar e eu pudesse conhecê-lo pessoalmente. Foi assim que numa noite agradável pude conhecer o talentoso Manu Chao, que acabava de estourar no mundo todo com seu álbum solo chamado Clandestino. Não havia tempo suficiente para organizar uma turnê, mas propus a ele uma única apresentação no Roxy. Propus ainda que a arrecadação fosse destinada ao Comandante Marcos e seu Movimento Indígena Zapatista, do qual Manu Chao era simpatizante (EZLN — Exército Zapatista de Libertação Nacional. Esse movimento baseava-se no pedido de democracia, liberdade, justiça, alimento e terra aos índios mexicanos. O movimento, que vinha do estado de Chiapas, contava com o apoio de artistas famosos em todo o mundo, inclusive dos integrantes do Rage Against the Machine). Tentando persuadi-lo pela questão ideológica, reforcei o pedido a Manu Chao que pensasse com carinho na possibilidade. Mais uma vez o destino age a nosso favor. Dias depois, após ser confirmada a turnê mexicana, Manu Chao me informou que faria a apresentação beneficente. Seria logo após o show que aconteceria na Concha Acústica Del Parque Agua Azul. O evento beneficente seria realizado nas dependências do Roxy (um importante espaço cultural mexicano que foi pensado e construído para levar arte e cultura em todos os gêneros, um espaço mítico igual a muitos espalhados pelo mundo, como o Marquee de Londres, CBGB de Nova Iorque, o Roxy de Los Angeles, o Bataclan em Paris, onde ocorreram os atentados terroristas em 13 de dezembro de 2015).

O Roxy era um prédio com mais de 100 anos de idade, onde funcionou um antigo cinema, e que reabriu suas portas oficialmente como espaço cultural no início dos anos noventa, com uma exposição de artes plásticas. Esse notável lugar contava com uma característica importante. Todo músico, antes de subir ao palco para uma apresentação, necessitava passar pelo meio do acalorado público. Não havia outra opção. Dessa forma, era possível sentir toda a efervescência, cada gota de suor, tudo isso acompanhado por uma legião de seguranças.

Tínhamos pouco tempo para preparar o show: som, luz, equipamento de palco, seguranças e autorizações eram apenas alguns dos inúmeros fatores. Precisávamos montar um show do zero. A pressão era grande, mas a sorte estava lançada. Fora decidido por mim e por Manu que a divulgação desse show-surpresa, caso acontecesse, seria no meio da apresentação do dia 29 no Agua Azul. E assim foi feito. Manu anuncia que tocaria no Roxy no dia seguinte. No *backstage,* eu, Rogelio Flores (proprietário do Roxy), Fher (vocalista do Maná) e Joaquim Gonzalez (que começou suas atividades comigo na Top Link e hoje é peça importante na equipe do Maná).

Estávamos todos reunidos e confraternizando, mas em minha cabeça já me preparava para administrar todas as questões relacionadas ao show. Os ingressos começaram a ser vendidos às 10 da manhã do dia 30, e quando lá cheguei me deparei com uma fila que tomava dois quarteirões. Aquilo me encheu de alegria, porém me assustou. Os ingressos se haviam esgotado em poucas horas. A segurança precisaria ser reforçada por policiais, e inclusive algumas ruas ao redor da casa precisariam ser bloqueadas. Só passariam pessoas que tivessem ingressos e credenciados. E então, ao fim desse mesmo dia, ansioso e cansado pela agitada noite anterior, me vejo a apenas algumas horas do início da apresentação beneficente de Manu Chao. Uma multidão tomava as ruas próximas à casa de shows, que contava com uma capacidade máxima de dois mil lugares (segundo os jornais anunciavam no dia seguinte, quase cinco mil pessoas estavam do lado de fora querendo entrar). O fato é que lá dentro não cabia mais ninguém. Enquanto eu corria atendendo aos músicos e aos técnicos de som, a Deyse estava na entrada do Roxy cuidando das contas e da organização geral. Isso me auxiliava muito, porém me sentia ainda mais responsável, já que ela carregava nossa filha em seu ventre. Senti que as coisas estavam ficando quentes demais e comecei a ficar bastante preocupado. Do lado de dentro era possível ver a multidão lá fora, inconformada, tentando romper as grades da porta principal que davam acesso às dependências do Roxy. Um verdadeiro inferno, puro pesadelo. As barreiras policiais não haviam dado conta. A multidão enfurecida havia rompido tudo que tinha à sua frente. Alguns estavam inclusive armados de coquetéis molotov.

À medida que o show começava, a situação saía cada vez mais de controle, e estrondos vinham da parede da entrada principal. Estavam tentando fazer um buraco para entrar. A Deyse quase foi atingida por uma garrafa, mas graças à sua bolsa, que caiu, foi salva — enquanto se abaixava para catar seus pertences, a garrafa estourava na parede atrás dela. Nem me dei conta de que o show já havia começado. Apenas rezava, assistindo através das grades às cenas dignas de um filme de terror. Eu precisava fazer algo. Foi quando resolvi encerrar a apresentação.

O problema é que não havia acesso até o palco, e meus gestos frenéticos pedindo que parassem o show passaram totalmente despercebidos. Minha única opção era ser carregado até o palco. Foi quando tive mais uma edição do "Momento Rock Star" — uma pena a hora não ser apropriada. Pedi ajuda aos seguranças, que rapidamente me elevaram, e assim fui carregado até o palco, impulsionado por dezenas de mãos. Expliquei aos músicos o que estava acontecendo. Eles tocaram mais duas músicas, e foi assim que, com menos de uma hora de apresentação, Manu Chao foi ao microfone e informou a todos que havia confusão do lado de fora e que o show precisaria ser encerrado por questões de segurança. Pediu a compreensão de todos e em seguida sugeriu que saíssem com calma através da saída de emergência que se localizava ao lado direito do palco. Um misto de decepção e medo reinava nas dependências do Roxy, mas graças a Deus as pessoas puderam sair sem maiores complicações. Algumas horas depois, com a situação já mais calma, foi possível avaliar o tamanho do estrago. Carros queimados, vidros espalhados pelo chão, janelas quebradas. No dia seguinte, os jornais relatavam o que poderia ter sido uma tragédia de proporções gigantescas, mas apesar do tumulto e dos estragos, ninguém ficou gravemente ferido, o que foi um verdadeiro milagre, levando em conta tudo o que havia ocorrido. Agora tinha mais problemas ainda para resolver antes da nossa mudança para o Brasil.

Meu pensamento, no início, foi o de ter uma saída triunfal de minha cidade, promovendo um show como forma de celebração, mas o que acabou restando de fato foi uma oração de agradecimento aos céus por estarmos vivos e por ninguém ter morrido naquele dia. Apesar do alívio, algumas sombras pairavam em meus pensamentos. Lá no fundo, temia que o incidente ocorrido no Roxy fosse uma espécie de mau presságio. Temia que tudo aquilo fosse um anúncio de momentos difíceis que estavam por vir, e essas turbulências realmente se fariam reais em um futuro bem próximo.

Estávamos deixando novamente Guadalajara, partindo rumo a Curitiba, e não sabia o que poderia acontecer. Antes de seguirmos para o nosso destino, iríamos primeiro passar as festas de final de ano com meus familiares em outra cidade, um lugar que eles haviam escolhido para as comemorações. Logo depois, iríamos oficialmente rumo à nossa nova vida em Curitiba. Apesar de toda a ansiedade, mantive a chama acesa dentro de mim. Afinal, em breve seria pai, e tinha mais um nobre motivo para me alegrar, e também motivos suficientes para recomeçar e desenvolver novos negócios, principalmente porque estava mais estruturado financeiramente e ainda poderia contar com o apoio de familiares. Toda a ajuda seria bem-vinda. Sempre fui uma pessoa independente, e continuo sendo, mas precisava encarar as coisas de um novo ângulo. Iríamos recomeçar, e nossas ações precisavam ser cada vez mais calculadas. Então, com a cabeça girando a mil por hora, virava mais uma página de minha vida, e partíamos em direção a uma nova etapa. Eu estava certo de apenas uma coisa: para onde quer que eu fosse, não ficaria apenas no *backstage*, mas estaria à frente do palco; iria brilhar, e não me importava o custo. Tal qual Ícaro, eu queria voar alto. Pagaria o preço por isso, mas continuaria voando sem medo.

Malas preparadas. Dentro delas, um peso inesperado: a notícia de que meu pai havia saído de casa. Em minha cabeça até então, tinha apenas a certeza de que encontraria minha família em breve e estaríamos todos felizes juntos. Como qualquer filho, imaginei que aquele incidente fosse algo passageiro, um pequeno desentendimento, e que tudo voltaria a ficar bem, bastava eu chegar e juntar as peças. Porém, infelizmente a realidade seria outra.

18 de dezembro de 2000. Tudo me parecia estranho. Uma névoa de insegurança pairava sobre minha mente. A notícia de que as coisas não estavam bem no seio familiar me deixava ainda mais tenso. Indo ao encontro da família, durante o trajeto, sentia meus batimentos cardíacos se intensificarem, pois queria logo averiguar a situação. Em meu peito explodia uma infinidade de emoções, alegria, medo, angústia, questionamentos... A alegria de em breve tornar-me pai misturava-se com o medo de não ver mais minha família completa como outrora. Um dos valores que mais prezávamos era nos mantermos sempre juntos, principalmente em datas como o Natal, que se aproximava.

Enfim, chegando ao local onde estavam, entrei. Primeiramente abracei minha mãe, que, apesar de imensamente feliz por rever-me, não conseguia esconder a angústia. Sendo o filho mais velho, sentia a necessidade de manter a calma e trazer segurança a toda a família que ali estava reunida, com a exceção de meu pai, que havia sumido. Enquanto eu abraçava a todos, imaginei que de alguma forma as coisas voltariam ao normal.

Noite de 24 de dezembro. Mesa posta, uma bela ceia cuidadosamente preparada, assim como fora em todos os outros anos. As luzes de Natal se manifestavam entre os galhos da árvore que ornamentava a sala. Os inúmeros presentes que se espalhavam debaixo dela não podiam ofuscar o sentimento de expectativa que reinava no ar. Esperava que a qualquer momento meu pai entrasse. Nada mais sensato. Todos reunidos à mesa na ceia de Natal — foi assim que vivi todos esses anos. Não importava em que lugar do mundo cada um morasse, era regra passarmos o Natal todos juntos. Quase como uma promessa, havia dito à minha querida mãe que meu pai voltaria. Na verdade, a promessa soava dentro de mim como uma fervorosa oração. Rogava aos céus para que meu pai passasse por aquela porta e que tudo ficasse bem novamente. Mas as horas se passaram e o improvável aconteceu: ele nunca mais retornou. O sabor que ficou naquela noite foi de um intenso amargor, que de certa forma perdura até hoje. Digo isso porque construí minha vida sobre os sólidos pilares que meus pais estabeleceram para seus filhos, e concluo hoje que, não importa o quanto nos tornemos velhos, sempre iremos sentir falta de nossos pais. Quando jovens buscamos, assim como eu busquei, a pura liberdade, a independência, o voo desbravador acima das planícies e fronteiras mais longínquas. Mas, mesmo tendo alcançado tudo isso e muito mais, sempre irá perdurar a lembrança dos queridos pais e o desejo de estar de alguma forma perto deles.

O ano de 2001 se inicia com uma série de questões a resolver. Buscávamos uma casa para nos estabelecermos em Curitiba. A nossa filha estava prestes a nascer, o que aumentava a necessidade de resolvermos as coisas rapidamente. Além de tudo, simultaneamente prestava apoio à minha mãe, que ainda se encontrava um tanto abalada.

Em meio a uma série de necessidades e obrigações, precisávamos manter os nossos negócios ativos. Havíamos deixado no México o escritório, com alguns funcionários que nos auxiliavam na condução de algumas turnês já agendadas. Além de cumprir o que já havia sido tratado, precisávamos manter o nosso sustento e o de todos que ainda trabalhavam para a Top Link. Assim, preparávamos o terreno para as apresentações do Testament e do Savatage na América Latina. Em breve começaria mais uma edição do Rock in Rio, e o momento seria propício para eu fazer contatos e garantir novas parcerias.

De certa forma, era um recomeço. Portanto, eu precisava estar atento a toda e qualquer oportunidade. Inauguração de pastelaria já era uma ocasião para eu estar presente. Ironias à parte, mantinha-me alerta a qualquer evento. Foi em meio a uma dessas jornadas que sofri mais um golpe em meu currículo, justamente numa ocasião extremamente importante para as minhas pretensões profissionais. Estava em plena praia de Copacabana, no Rio de Janeiro, sol escaldante, movimentação intensa em frente ao hotel Copacabana Palace. Naquele dia começaria o Rock in Rio, e lá estava eu, cheio de expectativas, sentado na areia, conversando com um amigo sobre as grandes atrações do festival e as inúmeras oportunidades de contatos que esse evento geraria. Foi por segundos de distração que acabei tendo todos os meus pertences roubados. Uma mochila que estava colada em mim foi levada. Dentro dela, todos os meus passes para o Rock in Rio, além de minha carteira com dinheiro, cartões e documentos pessoais. Meus passes, que iriam me conduzir ao *backstage* do festival, foram substituídos por ingressos simples de pista. Pelo menos era um consolo, e isso graças ao reconhecimento que havia conquistado. Caso contrário, teria de voltar para casa imediatamente.

Dias após o incidente do Rock in Rio, de volta a Curitiba, recebo o maior presente de minha vida. Em 2 de março daquele ano de 2001, nascia a nossa filha. Em meio a toda a turbulência que estávamos vivendo, um oásis surgia, para nosso alento. Isso trouxe ainda mais forças e inspiração, combustível fundamental para superar as dificuldades e continuar crescendo.

Mas a tempestade continuava. Sem sentença de trégua, acabava de descobrir que um dos funcionários que havíamos deixado no México, o responsável por gerenciar o escritório, tinha assumido as turnês sozinho. Ele se havia aproveitado de nossa ausência e tomou nossos negócios! Resultado: o dinheiro que entraria com os próximos shows acabava de criar asas e voar para longe. Mas os problemas não se resumiam a isso. Além de tudo, precisava intermediar os infindáveis conflitos entre meus pais. Parecia não haver solução, embora eu permanecesse forte perante tudo e todos.

Confesso que, apesar de minha relutância em admitir o caos, minhas forças inconscientemente começavam a diminuir. Cuidava de tudo, porém acabei me esquecendo de mim mesmo. Foi assim que me vi doente, em meados de junho. Foi triste admitir que eu havia caído em depressão. Aliás, reconhecer isso era pior que a enfermidade em si. Diante desse panorama, precisava fazer algo. Não existia a opção de me entregar. Por mais fraco que estivesse, precisava me fortalecer e levantar, e nesses casos, nada melhor do que criar um fato novo e fazer dele uma terra sagrada. Mesmo que ilusório, isso pode te tirar do buraco.

Primeiramente, necessitávamos cortar custos, e foi assim que, mesmo relutantes, fechamos nosso escritório no México. Não era mais possível manter aquela estrutura por lá, principalmente após o golpe sofrido. Essa atitude, por pior que fosse, daria um fôlego financeiro por um tempo.

O segundo passo seria me restabelecer profissionalmente. Foi aí que surgiu algo interessante, o que naquele momento se tornava uma motivação significativa. O Andre Matos e eu sempre estávamos em contato. Ou ele estava em minha casa, ou eu estava na dele. Ele acabava de sair do Angra e se encontrava um tanto desiludido com o show business. Em meio a um bate-papo, sugeri que formássemos uma nova banda, e foi assim que surgiu o Shaman. Todo o contexto que nos levou a formar a banda certamente daria outro livro. Foram momentos incríveis que colaboraram muito para mim, como pessoa e como profissional. Obviamente, tivemos altos e baixos, mas relembro daqueles momentos com muito carinho. Impossível esquecer do primeiro show em Balneário Camboriú (belíssima cidade do estado do Santa Catarina). Um dia memorável. Apenas cem pessoas apareceram para prestigiar. Poderia parecer trágico, porém me sentia muito feliz, e no fundo sentia que aquele projeto poderia dar certo. O Shaman acabava de lançar um álbum chamado Ritual. Era apenas o terceiro show da turnê, porém, diante do pequeno público que apareceu para assistir ao show, surgiu um certo receio na cabeça dos integrantes da banda. Eles chegaram a sugerir que parássemos com tudo, que aquilo não daria certo. Mantive minha postura, fui firme e tratei de acalmá-los. Disse que era questão de tempo e que precisaríamos ter paciência.

Posso dizer que realmente não foi fácil. Eu acreditava profundamente no sucesso daquele projeto, porém, diante do panorama, era difícil trazer a tranquilidade necessária. O Andre Matos, o Ricardo Confessori e o Luiz Mariutti acabavam de sair do Angra. Havia pouco tempo, tocavam em grandes arenas, e agora a realidade era completamente distinta.

Graças a Deus, eu estava certo! Sete meses depois, o Shaman estourava. As músicas estavam tocando nas rádios, e uma delas até foi tema de novela na TV. Eu estava feliz. Tudo aquilo só fazia aumentar minhas forças. Era uma dose extra de energia injetada direto na alma. Depois dos percalços, um novo horizonte se fazia amplo. Logo em seguida, gravamos um DVD, que se chamou Ritualive e se tornou um marco pela qualidade com que fora gravado. A produção era fantástica para os padrões da época. Outro marco importante foi uma grande turnê internacional. Seguimos rumo à Europa para uma série de apresentações.

Mas foi nessa época que algumas coisas começaram a se perder. A turnê foi feita a bordo de um Nightliner, um ônibus que simula um hotel sobre rodas, um meio de transporte muito utilizado pelas bandas durante as turnês, principalmente nos Estados Unidos e na Europa. E assim, de show para show, com todos reunidos durante muitas horas, é quase uma tragédia anunciada, principalmente para mim, que sempre fui muito independente e valorizo demais meu espaço. Comecei a sentir muitas saudades de casa. Minha filha crescia sem que eu pudesse estar por perto. Em um show em Paris, eu, já muito cansado da situação, acabei me desentendendo com o Ricardo Confessori. Nós nos estranhamos já na passagem de som. Não contentes, ainda discutimos mais tarde, minutos antes da apresentação. A coisa ficou tão feia que acabamos chegando às vias de fato! Em vista desse caos, faltando apenas uma data para fecharmos a turnê, eu estava decidido a ir embora. Finalmente, após o último show, retornamos todos ao Brasil.

Todo esse processo que acabo de relatar ocorreu em três anos, desde a formação da banda até a turnê europeia, que ocorreu por volta de março de 2004. Muito tempo havia passado. É assustador relembrar e ver como tudo aconteceu de forma tão rápida e intensa. Mal percebi o tempo passar. Minha filha já estava com três anos, e todas as questões familiares e profissionais precisaram ser resolvidas ao longo do trajeto, com o carro em movimento.

Dois meses após a turnê, e desfrutando alguns dias de férias, senti que algo estava estranho. Os integrantes do Shaman já não mantinham mais contato. Sentia a distância, e o clima já não era mais positivo. Claramente percebi que não poderia mais fazer parte daquilo, e, apesar de grande sofrimento, tivemos de nos afastar. Os momentos que se seguiram foram muito tristes para mim. Essa ruptura causou-me muito mal. Apesar dos conflitos que haviam ocorrido durante a viagem, via a todos como integrantes de uma família da qual eu fazia parte e que agora simplesmente não existia mais. Aquilo marcou muito. A ferida custou a cicatrizar. Inclusive, demoraria muito tempo até que eu voltasse a trabalhar como empresário de uma banda novamente.

Tapando os buracos do meu emocional, agora de uma forma mais fria, procurei alternativas que me ajudassem a seguir em frente. Passei a realizar shows como produtor novamente. Tentei levar como aprendizado que, no show business, jamais nos podemos envolver cem por cento emocionalmente. Afinal de contas, isso é um negócio, e o palco é nosso escritório. O coração deve trabalhar proporcionalmente à razão.

Assim como quem perde um ser amado, mesmo doloridos, precisamos continuar. *"The show must go on"*, como dizia a canção do Queen. Tratei de seguir com o espetáculo. Substituí o drama pela ação; não tinha muito tempo para lágrimas. Foi assim que, quase atendendo a um chamado inconsciente, bate à minha porta Richard Navarro (um grande lutador do rock underground brasileiro). Idealizador do Brasil Metal Union, Richard veio com uma proposta interessante, de elevar o seu festival a um patamar acima, buscando espaço e estrutura melhores para as bandas e o público. E atingimos o objetivo. Juntos realizamos duas edições do Brasil Metal Union com grande sucesso. Fomos muito felizes em todos os detalhes. Basta dizer que, após o evento, algumas bandas obtiveram projeção internacional. Como informação, citarei as atrações Dark Avenger (DF), Drowned (MG), Eterna (SP), Glory Opera (AM), Holy Sagga (SP), Malefactor (BA), Massacration (SP), Mindflow (SP), Monster (SP), Sagitta (SP), Silent Cry, Thoten (RJ), Torture Squad (SP), Tuatha de Danann (MG), Venin Noir (RJ), Antidemon (SP), Dragonheart (PR), Fates Prophecy (SP), Hangar (RS), Steel Warrior (SC) e Symbols (SP).

Seguindo a estrada, firme em meus projetos, ainda naquele ano fechei datas com algumas bandas, dentre elas o Nightwish. A *tour* deles pela América Latina transcorreu muito bem. Depois de constantes turbulências em minha vida, precisava de um período de calmaria, e graças a Deus assim foi. Lembro-me de que na passagem de som, em Curitiba, enquanto eu conversava com algumas pessoas, senti que a banda havia parado de tocar. Olhei para ver o que havia acontecido, e foi quando percebi que a minha filha de três anos havia subido ao palco e pedido silêncio à banda. Todos, muito simpáticos, acataram a ordem, e riram muito logo em seguida. No meu caso, senti um frio na barriga pelo descuido de permitir que minha herdeira interrompesse a passagem de som. Apesar de tudo, lembro de que a descontração tomou conta de todos e o show que se seguiu, à noite, transcorreu no clima mais perfeito.

Dentre as várias situações engraçadas que aconteceram envolvendo o Nightwish e a mim, uma foi no Rio de Janeiro, na gravação do DVD ao vivo. Por sugestão do empresário da banda, resolvemos, durante a apresentação, cruzar o palco por trás da bateria, imitando uma galinha, enquanto a banda tocava. Essa ridícula colaboração pode ser conferida até hoje no DVD.

Aproveito o ano de 2003 para relembrar meu momento punk rock. Sempre navegando por vários estilos, eis que acabo visitando mares revoltos. Tinha a oportunidade de trabalhar com The Exploited, lendária banda punk escocesa que começou suas atividades em 1979 e é tida como uma das mais influentes do cenário punk mundial. O panorama que se apresentava era o de fortes emoções, já que os shows da banda eram muito intensos, no sentido real e absoluto da palavra. A energia explode como um todo, no palco e na plateia. Pois bem, estávamos na Argentina, e a apresentação seria em Buenos Aires. Já na chegada, o baterista, irmão do vocalista Wattie Buchan, perde seu passaporte e é obrigado a retornar ao seu país. A efervescência começava já no desembarque. Wattie já estava na Argentina quando recebeu a notícia de que seu irmão havia sido deportado. A tensão reinava absoluta. Wattie estava transtornado. A notícia acentuou ainda mais o seu estado psicológico, que já não estava bem naquele momento. O vocalista se trancou no quarto, e havia a possibilidade de que não saísse mais de lá. Precisando agir rapidamente, peguei meu computador, bati à porta e, quando Wattie abriu uma fresta, forcei a entrada e passei como um raio. Só me dei conta do que havia feito quando já estava lá dentro e pude ver a raiva nos olhos dele.

O histórico de Wattie Buchan revela muito de sua personalidade forte, mas naquele momento em especial, diante de todos os fatos, anunciava-se uma assustadora tempestade. Foram cinco horas em meio à mais sombria atmosfera. Incorporei os mais variados personagens como ator, médico, psicólogo, mas no final me vi atuando como um palhaço mesmo: nada estava funcionando. Foi quando impetuosamente abri meu computador e mostrei uma foto de minha filha. Disse a ele sobre o quanto eram difíceis nossas vidas. O amor à profissão nos leva a uma distância infinita daqueles que consideramos. A tempestade se fez verdade e explodiu literalmente nos olhos de Wattie. Confesso que nos meus também. E não era encenação. Éramos dois seres emotivos naquele momento, e isso não é nem um pouco punk rock — ironia pura. Mas funcionou. Despretensiosamente, aquele manifesto transformou fúria em calmaria. Wattie contou algumas coisas de sua vida, falou sobre o seu relacionamento com o filho e outras coisas que estava sentindo naquele momento. Confesso que no início do choro, achei que a situação fosse piorar ainda mais. Porém, para surpresa de ambos, a energia efervescente do punk ficaria somente para a apresentação do The Exploited no dia seguinte, com tudo organizado e baterista reserva garantido. Naquele hotel, naquele dia, o episódio terminou na mais pura harmonia, se assim posso dizer.

Desculpe a frustração, caro leitor, se o final que imaginou foi um quarto de hotel depredado ou um produtor musical agredido, o que talvez fosse mais apropriado ao momento punk rock. Mas, feliz ou infelizmente, nós concluímos a situação com uma interessante e instrutiva conversa.

Um viva ao punk!

Across the desert plains
Where nothing dares to grow
I taught you how to sing
You taught me everything I know
And thought the night is young
And we don't know if we'll live to see the sun
The best is yet to come

Pelas planícies do deserto
Onde nada se atreve a crescer
Eu te ensinei a cantar
Você me ensinou tudo que eu sei
E pensei que a noite fosse jovem
E nós não sabemos se viveremos até ver o sol
O melhor ainda está por vir

Scorpions — The Best Is Yet to Come

No final de 2004, a banda Scorpions me convidou para assistir a um show deles no México. Fiquei surpreso pelo convite, ainda mais por se tratar de uma das minhas bandas prediletas de todos os tempos. Sendo assim, imediatamente tomei um voo rumo à Cidade do México. Ao chegar, no mesmo dia do show, fui direto ao hotel, onde a banda havia reservado um quarto para mim, o mesmo em que eles estavam hospedados. As surpresas não pararam por aí. Ao chegar ao Auditório Nacional, belíssimo espaço onde se realizaria o show, fui levado a um local privilegiado, uma fileira toda reservada para mim, a primeira em frente ao palco. Não me continha de tanta emoção. Era surreal ser tratado como um rei, sendo que para mim a realeza estava em cima do palco.

Após o espetáculo, ainda em êxtase, aproveitei que tinha os passes e fui ao *backstage* acompanhado por meu grande amigo Mario. Como se não bastasse, depois de tudo isso, no momento em que eu já deixava o auditório, o *tour manager* da banda veio até mim e me informou que o Scorpions estaria à minha espera em um restaurante. Ele havia sido bem claro ao dizer que o convite era restrito a mim, uma confraternização envolvendo somente a banda e eu. Demorei alguns segundos para raciocinar; parecia que estava num sonho. Tratei de revisar o que aquele nobre germânico acabara de me dizer. A emoção era tanta que não lembrava se ele havia falado em inglês ou em alemão. Acho que isso prova que eu realmente não havia entendido direito, levando em conta que não falo alemão. Sem muita certeza, fui ao endereço que ele havia informado e, ao entrar no restaurante, fui imediatamente recepcionado pela banda e conduzido à mesa, num lugar já preparado para mim. Completamente atônito, tento avaliar a situação. Vejo bem à minha frente Klaus, ao lado dele o Peter (o *manager*), à minha direita o Matthias e à minha esquerda o Rudolf.

Polidos, deram-me as boas-vindas, e em seguida, automaticamente, começamos a falar sobre vários assuntos. Questionaram-me sobre como iam as coisas pela América Latina. Pediram a minha opinião sobre o trabalho deles atualmente. Fiquei surpreso ao perceber que eles sabiam sobre meu histórico profissional. Ficaram sabendo sobre o sucesso de minha passagem com o Nightwish pela América Latina. O Nightwish estourava por toda a Europa, e os integrantes do Scorpions, primeiro por admirarem o trabalho da banda, ficaram interessados. Foi uma noite fantástica, e a boa conversa se prolongou por horas. Ainda naquela noite apresentei a eles minha tequila favorita, chamada Don Julio, parceira que viria a nos acompanhar em outros tantos momentos.

Uma noite memorável para mim. Digo isso exclusivamente com o sentimento de um verdadeiro fã. Mais tarde, antes de dormir, suspirei satisfeito. Parecia que havia participado de um filme.

No dia seguinte, retorno ao Brasil com várias ideias na cabeça, e cada vez mais ciente do quão importante é seguir seus sonhos, e de quanto é necessário persistir e acreditar. Antes mesmo de pousar no Brasil, ainda em pleno voo, refletia sobre as inúmeras possibilidades que eu poderia ter. Completamente inspirado por tudo o que havia ocorrido poucas horas antes, sentia que os bons ventos retornavam e a maré virava a meu favor. Com base em tudo isso, pensava em fazer algo completamente diferente do que havia feito até então. Lembrei-me de como o Scorpions havia inspirado a minha adolescência e de como eles influenciaram em minha formação. Aquela energia retornava, só que agora com muito mais força. Automaticamente compreendi o quanto as coisas podem estar incrivelmente interligadas. Trabalhar com o Nightwish possibilitou-me chegar ao Scorpions, e consequentemente outras coisas viriam.

A empolgação tomou-me por completo, e me sentia quase eufórico. Definitivamente passei a entender que minha mudança para o Brasil tinha um propósito muito maior. O universo conspirava a meu favor. Sempre que eu necessitava recomeçar, virar a mesa, expandir e prosperar, de alguma forma eu era sempre amparado. Claro que isso se dava também por eu manter continuamente o desejo, a ação e a persistência. Com a cabeça pulsando devido a uma tempestade de pensamentos, eis que me ocorre algo interessante. Pensei em como o Brasil se encontrava carente de um festival de heavy metal, um evento de grande porte, algo significativo, com uma estrutura digna. Lembrei-me de que desde o Monsters Of Rock, de 1998, os fãs brasileiros estavam carentes de algo substancial, de algo compatível com a necessidade deles. Era inadmissível para um país com esse potencial gigantesco permanecer tanto tempo sem um evento de heavy metal. Foi aí que pensei em promover algo nesse sentido. Seria também a oportunidade de me consagrar definitivamente em solo brasileiro, já que, apesar de toda e qualquer evolução, eu era mexicano, e no fundo muitos distorciam minha vontade e capacidade com questões absurdas simplesmente por eu ser um estrangeiro.

Preconceitos à parte, seguia com esse bombardeio mental no sentido de criar um grande evento. Era incrível como tudo se formava em minha mente. Já via os artistas que eu chamaria, bem como os parceiros necessários, que me ajudariam a angariar fundos e me sentir seguro na realização do festival. Era óbvio que me beneficiaria do momento. Estávamos trabalhando com o Nightwish, e eu acabara de ter meu momento de glória com o Scorpions. A imagem era clara: as duas bandas estariam nesse suposto festival. Tudo levava a isso, o destino conduzia a isso. Pronto! O evento estava montado em minha cabeça. Eu não sabia o nome nem a data, mas já o via acontecendo. Sentia que seria possível.

Ao chegar em casa, não sabia se comentava sobre o meu histórico momento de fã com o Scorpions ou sobre o festival de heavy metal que acabara de criar em minha mente. A empolgação era tamanha, que parecia que o evento já estava ocorrendo. Mesmo confiante sobre o sucesso do projeto, precisava primeiramente conversar com a Deyse e expor a ela o conceito do festival. Em seguida, juntos, deveríamos conceber a decisão correta. Precisávamos avaliar todas as questões envolvidas, como os riscos, o investimento, a viabilidade, a logística... Eram pontos muito complexos a serem minuciosamente analisados. A grandeza de um projeto como esse comprometeria não somente nossa empresa, mas também toda a nossa família. Mergulhados em um mar de incertezas, finalmente chegamos à decisão final.

Num final de semana em Curitiba, decidimos fazer um churrasco. Mobilizamos toda a nossa família para confraternizarmos. Enquanto estávamos juntos e compartilhávamos horas de descontração, contamos a eles sobre a recente ideia. A opinião dos nossos entes queridos seria fundamental. Mesmo sem que eles compreendessem exatamente como funcionava o show business, a nossa intenção era expor com clareza todos os pontos. Dissemos a eles que era um momento crucial, em que colocaríamos definitivamente as "cartas na mesa", no sentido de dar uma projeção maior à Top Link Music, e isso poderia acarretar riscos. Tudo mudaria. Havia inclusive a possibilidade de termos que sair do país caso desse tudo errado, e isso obviamente os envolvia de forma direta. Com cara de espanto, todos refletiram sobre a questão, mas no fundo sabiam que já estava decidido. Ninguém melhor do que eles para saber que a teimosia iria reinar absoluta.

Na sequência dos dias, enquanto bolava meu plano, marcamos algumas datas com o Anthrax em toda a América Latina, e apesar da maratona de shows, tivemos êxito em todas as cidades. O passo seguinte seria investir em nosso recente desejo, montar o grande festival. Munidos de planilhas e infinitos argumentos, a Deyse e eu chamamos o Airton Diniz e o Claudio Vicentin (proprietários e diretores da Roadie Crew, grande revista especializada em heavy metal no Brasil) para uma reunião. Ao nos ouvirem, prontamente adoraram a ideia. Apresentamos os detalhes do projeto, e em seguida passamos a discutir o nome do festival. Concluímos que se chamaria Live'n'Louder Rock Fest. Criamos a logo do evento e estabelecemos que seria realizado no estádio do Canindé, em São Paulo, com capacidade para 40 mil pessoas. A data seria 12 de outubro de 2005, ou seja, teríamos praticamente um ano para concretizarmos esse projeto.

A próxima etapa era convidar os artistas para o evento, e, para minha alegria, todos aceitaram. Nightwish e Scorpions seriam as atrações principais. O problema seria o alto custo. Para justificar o investimento, estendemos o festival para outros locais: Porto Alegre, no Brasil, e Cidade do México. Na edição fora do Brasil, a Deyse teria de cuidar sozinha, já que precisávamos dividir as ações e garantirmos a funcionalidade. Paralelamente ao festival, fechamos algumas apresentações do Scorpions.

Eu me questiono sobre como estamos vivos até hoje. Mal sabíamos da extensão dos problemas que restariam ao término da jornada. Um deles seria uma singela hérnia de hiato, que acabei operando somente anos depois, em 2016. Outro significante detalhe foi a falta de patrocinadores. A Roadie Crew seria minha gloriosa parceira em São Paulo, mas nas outras cidades seria por minha própria conta. O heavy metal não contava com muito prestígio na época, e quase ninguém queria apostar nesse evento. Eu teria de enfrentar tudo de peito aberto. De alguma forma eu precisava dar a volta por cima de meus traumas. Sou um ser que necessita enfrentá-los de frente até que sejam superados. Foi assim que decidi entrar em contato com a agência que estava cuidando do Shaman e efetivei um convite para que participassem do evento. Havia tempos que não nos falávamos, mas apesar do meu orgulho ferido, fiz questão de que a banda estivesse presente. Felizmente o convite foi aceito e o Shaman seria mais uma atração de peso.

Outro aspecto que ficou marcado foi a fantástica equipe responsável pela realização do Live'n'Louder. Cada integrante fora escolhido a dedo por mim. Simplesmente reuni os melhores produtores da época e não medi esforços para tê-los comigo. Queria garantir a todo custo o sucesso do evento. Durante nove meses, todo o processo caminhou de forma consistente. Tratamos de não dar margem a nenhuma possibilidade de erro. Mas é fato que nem tudo está sob nossas rédeas. Por mais que tentemos controlar toda e qualquer situação, algum detalhe sempre pode escapar, por mais sutil que seja. Foi assim quando vi o cancelamento do Testament, faltando quinze dias para o início do show em São Paulo. Devido a problemas internos, a banda não poderia vir. Um balde de água fria, num momento crucial. No meu entendimento, isso de certa forma manchava a imagem do evento. Perdia um pouco a credibilidade. Imediatamente tratei de substituí-los pela banda Destruction. Foi uma forma de mostrar que tudo estava controlado, além de serem bandas de certa forma similares no estilo.

O tempo passou de forma assustadora, e simplesmente me encontro na véspera do festival, em meio a uma grande festa de confraternização, rodeado por toda a equipe técnica e por todos os astros que subiriam ao palco no dia seguinte. Meu coração batia forte. O que outrora havia sido um sonho agora estava prestes a realizar-se. A materialização se fazia em meio a uma constelação de artistas. Assim os via: estrelas, grandes músicos, grandes produtores, todos reunidos numa noite de festa. Impossível não sentirmos um vasto orgulho, mesmo diante de toda a tensão que envolvia os últimos detalhes. Já nos considerávamos vitoriosos. Ver o Scorpions recebendo o disco de ouro pelo sucesso de seu último disco só tornou ainda mais intenso aquilo tudo. O cansaço era grande, mas a adrenalina não permitia nenhum suspiro. Fora dada a largada a uma maratona estafante, porém gloriosa.

Em 12 de outubro de 2005, o Live'n'Louder estreava na cidade de São Paulo, no estádio do Canindé. Recordo-me plenamente de que cedo, perto das oito horas da manhã, eu já marcava presença. Os portões seriam abertos por volta do meio-dia, e era necessário estar lá para cuidar dos últimos detalhes. Fazia muito calor naquele dia. Não havia uma nuvem sequer no céu, e, tratando-se de um país tropical, isso se intensificava. Ao meio-dia, pontualmente, os portões se abriram, e muitos fãs que havia dias estavam acampados em frente ao estádio correram como loucos para assegurar seus lugares. Às 13:30h, subia ao palco a primeira banda. Aliás, um dos pontos fortes do festival foi a questão do horário. Todas as apresentações foram pontuais, e não houve atrasos, algo até então incomum nos shows no Brasil.

Debaixo de um calor cada vez mais intenso, eu, digno de um maratonista, de tanto correr de um lado para o outro, recebo pelo rádio a notícia de que a água havia acabado! Sim, os fornecedores não haviam abastecido os bares do estádio, e estávamos sem garrafas d'água. Sem ao menos ter assimilado a primeira notícia, sou informado já na sequência de que a polícia, por questões de segurança, queria encerrar o evento. Às 16 horas daquele dia, vi o chão se abrir e a escuridão me chamando.

Exageros à parte, me senti atônito. Precisava pensar rápido em uma solução. Eu me encontrava exatamente no portão principal do estádio e, caminhando de um lado a outro, tentava buscar uma solução para o problema. Dentro do estádio, os policiais estavam em busca do promotor do evento — no caso, eu. Creio que, se estivesse perto do palco, o risco de ter sido preso seria grande.

Como uma luz, percebi que havia vendedores de bebidas fora do estádio, na rua. Esses vendedores são chamados de "ambulantes", que, mesmo sem autorização, oferecem seus produtos às pessoas que estão aguardando para entrar em algum evento. Esses vendedores acabariam por salvar a minha pele. Convoquei todos eles para que entrassem no estádio e vendessem suas garrafas de água no lado de dentro. Como sempre ando com credenciais no bolso, presenteei cada um deles com um passe. Dia de glória aos nobres vendedores, munidos de imponentes credenciais que muitos fãs dariam a vida para obter. E estavam vendendo seus produtos dentro do estádio! Não havia outra forma naquele momento. Precisava ganhar uns minutos até que o problema fosse efetivamente resolvido. E de fato foi. Os meus calejados anjos mais uma vez me auxiliavam. Uma hora após o susto, consegui outros fornecedores para abastecer todo o estádio. Uma sinfonia tocou em minha cabeça, e um coral de anjos metaleiros entoava a melodia do milagre — eu estava salvo.

Respirando intensamente, me dirigi aos camarins. Queria saudar todos os músicos pessoalmente e verificar se tudo corria bem. Foi aí que outro importante fato foi anunciado. Ao entrar na sala onde estava o Nightwish, recebi repentinamente a notícia de que aquela seria a penúltima apresentação da banda com a formação original. Tentando entender o que acabava de ouvir, fui informado de que a vocalista da banda, Tarja Turnen, seria demitida, um choque para mim. Pior: ela nem havia sido informada sobre a decisão dos demais integrantes da banda. Nutria um carinho especial por todos, e tudo aquilo pesou significativamente. Respeitava os motivos da demissão, porém me colocava na posição da Tarja, apresentar-se sem saber que não mais faria parte da banda. Seria um duro golpe para ela, e isso trouxe um gosto amargo à minha boca.

É nessas horas que me espanto comigo mesmo. Não sei como meu coração suporta tanta coisa assim, sem descanso, numa carga contínua de emoções. Preciso ser profissional e tratar as coisas de forma racional, porém é impossível não se envolver emocionalmente com tudo isso. Afinal, trabalhar com música requer sensibilidade, e não seria digno da minha parte atuar no meio se eu não fosse de alguma forma sensível, intenso. Então, com o coração apertado, assisti à apresentação do Nightwish, aquela que seria a penúltima com Tarja à frente dos vocais. Como um misto de sabores, doce e amargo, é difícil definir como me sentia naquele momento.

A poucos minutos de finalizar o show do Nightwish, eis que vejo estacionando atrás do palco as cinco Mercedes que eu havia contratado. Dentro de cada uma delas, um integrante da banda Scorpions. Eu veria tal ritual mais de cinquenta vezes ao longo dos anos seguintes, e confesso que em todas elas a emoção sempre foi enorme. Fiz questão de recepcioná-los e garanti que fossem conduzidos aos camarins com segurança. Ao subir ao palco, alguns minutos depois, o Scorpions fez uma apresentação memorável. Aquele momento de alguma forma ajudaria a banda a retomar definitivamente seu lugar de destaque nos corações roqueiros espalhados pela América Latina, e desde então a banda seria requisitada com maior frequência. Ao som de "Rock You Like a Hurricane" encerra-se o festival, e em meu coração a sensação de mais uma missão cumprida.

Mas as sequelas, como sempre, ficariam. Apostei alto, demasiadamente ousado naquele momento, mas a página fora escrita, e até hoje tento contabilizar apenas os bons frutos deixados pelo festival. Dentre eles, as amizades que fiz, os profissionais que conheci, os paradigmas que rompi e principalmente a certeza de que minha teimosia não tinha fim. Sinto apenas pelo evento realizado na cidade de Porto Alegre não ter tido o mesmo sucesso que o de São Paulo. Mas serviu como experiência, e tenho certeza de que além de tudo alegrou a muitos roqueiros. Depois disso, muitos festivais voltaram a circular pelo Brasil. É gratificante encontrar ainda hoje pessoas que me dizem que aquele festival serviu como inspiração, e por conta disso acabaram entrando no show business como produtores de fato, ou como artistas.

Exausto. Essa é a palavra apropriada para descrever meu estado após aquela loucura. Meu corpo doía por completo, minha mente quase não funcionava. Precisei de alguns dias para me recuperar, mas a mente já sugeria a próxima aventura, mesmo em meio a um mar de contas deixadas pelo Live'n'Louder. Como sempre, a Deyse foi fantástica. Além de ter ido ao México cuidar pessoalmente do festival, ainda foi preponderante nas questões administrativas e financeiras ao término das edições do evento. Certamente estaria perdido sem o seu respaldo eficiente. Ela foi fundamental no processo de reestruturação, e por apresentar um incrível plano de contingência. Graças a isso, pude focar apenas em captar novos investimentos. Precisávamos sanar os prejuízos que o Live'n'Louder havia deixado. Uma questão importante é o fato de eu morar em Curitiba. A cidade aparece como um oásis nesses momentos em que necessito de refúgio e reflexão. Apesar de ser uma capital, oferece ótimas condições, e a natureza é levada extremamente a sério, coisa rara em meio a uma metrópole. Outro elemento cultural importante é o fato de a pessoa que nasce em Curitiba ser mais reservada do que os demais brasileiros. Preservar a individualidade é sagrado para os curitibanos, e isso é algo fundamental para mim nesses momentos em que preciso de isolamento extremo. Minha casa situa-se entre parques, e a imensa área verde ao meu redor vem como filtro para todas as minhas tensões. As araucárias compõem uma paisagem deslumbrante, e cada crepúsculo vem como um espetáculo diferente. Nas questões profissionais, seria conveniente eu morar em São Paulo, mas escolhi fatiar minha vida em quatro partes: 25% como *manager*, 25% com meus projetos de shows, 25% para descobrir novas possibilidades e 25% para a família e o lazer. Qualquer fatia que não seja respeitada gera desequilíbrio extremo, e de certa forma Curitiba me ajuda a equilibrar tudo isso.

Os meses que se seguiram foram no sentido de colocar a cabeça em ordem, e, após um período de merecido descanso, as ideias voltaram a entrar em ebulição.

ARTISTAS

ALEX DE MANÁ, KIKO E CHARLIE

ANDANDO DE KART COM RALF SCHEEPERS E BRUCE DICKINSON

ANGRA E RHAPSODY JUNTOS NO BACKSTAGE

AFTERSHOW NO SWEDEN ROCK FESTIVAL

ALBERTO E MIKE

ALBERTO RIONDA, RAFA AMARGO, NIKO DEL HIERRO, ANASTACIA E PAMELA ANDERSON

ANGRA EM TURNÊ POR EUA

ALEX, PATRICE E CRONOS

ANTHRAX E MIKE MONTERULO

BLACK LABEL SOCIETY

BIFF BYFORD COM RHAPSODY E ADAM PARSONS

BACKSTAGE COM O TOTO

BACKSTAGE COM SCORPIONS

B 52S

BAD BOYS

ARTISTAS

BRASIL METAL UNION

BRUCE DICKINSON COM A CAMISETA DO LIVE N LOUDER

CAMARIM DO ANGRA DEPOIS DO ROCK IN RIO

CAMARIM DO AVALANCH

CARLINHOS BROWN NO CARNAVAL

CHARLIE E JOEY

COM A BANDA SAXON EM SÃO PAULO 2018

COM ANTHRAX NO BACKSTAGE

COM AVALANCH EM CUBA

COM AVALANCH EM HAVANA, CUBA

COM BUDDY GUY

COM CHRISTOFER DO THERION

COM DEF LEPPARD NO ROCK IN RIO

COM EMERSON LAKE AND PALMER EM 1997

SHOW DO SCORPIONS EM LA PAZ

Rocking All My Dreams

ARTISTAS

COM FOREIGNER E STEWART YOUNG

COM JON ANDERSON

COM LYNYRD SKYNYRD

COM MAGNUS EM HAVANA, CUBA

COM MALTA

COM MANÁ E YES NO CAMARIM

COM MANÁ NO ROCK IN RIO

COM MANÁ

COM MATTHIAS NO JATO PRIVADO

COM MIKE PORTNOY NO SHOW DO U2

COM MIKKEY DEE

COM MILTON NASCIMENTO

COM BEE GEES

COM O MARILLION E MIS HERMANOS DE ARGENTINA

COM O SCORPIONS NAS PIRÂMIDES

ARTISTAS

COM O YES NA TURNÊ DE 2013

COM RHAPSODY COMENDO CEVICHE E COCTEL DE CAMARONES

COM ORISHAS

COM PAUL STANLEY, DO KISS

COM RAFAEL, KIKO E ANDRE EM TEOTIHUACAN

COM RAZA EM LA PAZ, BOLÍVIA, A 3.640 METROS

COM RINGO STARR

COM ROY Z NO RAINBOW

COM RUDOLF

COM SCORPIONS NA SALA DE CASA

COM STEVE HOGHART DO MARILLION

COM TARJA E MARCELO NO SHOW DO SCORPIONS

COM TWISTED SISTER

COM ULI JON ROTH

COM DIMEBAG DARREL

Rocking All My Dreams

ARTISTAS

COMEMORANDO ANIVERSÁRIO DE RONNIE JAMES DIO EM SANTA CRUZ, BOLÍVIA

COMENDO UM CHURRASCO COM BRUCE DICKINSON, TRIBUZY E LUIS

CONVERSANDO COM DAVE LEE ROTH ANTES DELE SUBIR AO PALCO DO LIVE N LOUDER

CRUZEIRO 70000 TONS OF METAL COM O ANGRA

CURTINDO UMA CERVEJA EM FLORIANÓPOLIS COM O RHAPSODY

DANDO UMAS RISADAS COM O FOREIGNER

DANNY, JOEY VERA E JOHN BUSH

DEGUSTANDO VINHOS COM SONS OF APOLLO

EM CASA COM O ANGRA

EM CASA COM TONY MACALPINE, ANDRE E DEREK

LIVE 'N' LOUDER

EMERSON

ÉPOCA DE FÃ - AUTÓGRAFOS DE ANTHRAX

ÉRAMOS GAROTOS E NÃO NOS VESTÍAMOS MUITO BEM - PROMOTOR E MEU MENTOR JOSÉ MUNIZ NETO

ESPANHA COM O AVALANCH

Paulo Baron Rojo

ARTISTAS

ESSA GUITARRA É PESADA, BUMBLEFOOT

FAZENDO COMPRAS COM RONNIE JAMES DIO, SCOTT WARREN E RUDY SARZO

FELIPE, GEOFF E BRUNO

FESTA DE 60 ANOS DE RUDOLF SCHENKER NO RIO DE JANEIRO

FESTA DE 60 ANOS DE RUDOLF SCHENKER

FINAL DA TURNÊ DA FAREWELL TOUR DO RHAPSODY

FOTO HISTÓRICA DE ENSAIO DA BANDA QUE EU QUIS FORMAR DE LATINOS FAMOSOS

GENE SIMMONS E SHANNON TWEED

GRAVAÇÃO DO DVD DO ANGRA COM SANDY E FAMÍLIA LIMA

GRAVAÇÃO DO DVD DO SHAMAN EM 2003

SCORPIONS ME SAUDANDO PUBLICAMENTE EM FRENTE A 50 MIL PESSOAS

JANTA COM EMPRESÁRIOS DO SHOW BUSINESS MUNDIAL

JANTANDO EM CASA COM O RHAPSODY

JIMMY CLIFF

Rocking All My Dreams

ARTISTAS

JOGANDO SINUCA COM SCORPIONS

JOGO DE FUTEBOL COM IRON MAIDEN

JOHN CORABI, MIKE PORTNOY E NIKOLAS DA BOTOM ROW

JUNIOR E EMERSON

JUNIOR, JEFF SCOTT SOTO, RUDY E STEVE MARTIN

KISS

LIVE N LOUDER 2006

LIVE N LOUDER

MALTA E SONS OF APOLLO

MASSACRATION COM IGOR CAVALERA MASCARADO

MESTRE CARLOS SANTANA

MEU GRANDE ÍDOLO - EDDIE VAN HALEN

MEU PRIMEIRO SHOW COMO FÃ SCORPIONS EM BARCELONA

MEUS CONVIDADOS PARA ASSISTIR O SHOW DE SCORPIONS EM LOS ANGELES

MIKKEY DEE

ARTISTAS

MISFITS

MOTORHEAD ANTES DE ENTRAR NO PALCO

NA AMAZÔNIA COM O SCORPIONS

NA AMAZÔNIA COM O SCORPIONS

NA PISTA DE ATERRISAGEM ANTES DE SUBIR NO AVIÃO PRIVADO

NICKO MCBRAIN E MATTHIAS JABS

NO JATO PRIVADO COM SCORPIONS

LIVE N LOUDER

NO NAVIO COM O ANGRA

NO RAINBOW COM ROY Z, TOM MORELLO, RUDY, KIKO, JEFF SCOTT SOTO E FELIPE ANDREOLLI COMENDO PIZZA

NOVA DUPLA SERTANEJA

UMA DUPLA ROQUEIRA

OBRIGADO MESTRE CHUCK BERRY

OBRIGADO SLASH POR MINHA GUITARRA

COM OMARA EM HAVANA TURNÊ DE DESPEDIDA

ARTISTAS

ORAÇÃO ANTES DO SHOW DO RHAPSODY

OS COMANDANTES E AEROMOÇAS DO ROCK AND ROLL

PARTICIPAÇÃO CLIPE FINAL LIGHT - ANGRA

PARTICIPAÇÃO MALTA NAO HÁ NADA MELHOR VIDEOCLIPE

PRIMEIRA VEZ DO STRATOVARIUS NA AMÉRICA LATINA

PRIMEIRO SHOW COMO EMPRESÁRIO DO ANGRA, NO LIVE N LOUDER

QUEM CHEGA PRIMEIRO?

RONNIE JAMES DIO

RUDOLF E EU REFRESCANDO-SE EM LENÇÓIS MARANHENSES

RUDOLF E TANIA

SCORPIONS NADANDO COM OS GOLFINHOS

SELFIE COM O RHAPSODY

SELOS DO SCORPIONS

SHOW DE ENCERRAMENTO DA TURNÊ DO HOLY LAND COM MEMBROS E EX-MEMBROS DO ANGRA

SHOW DO PARALAMAS DO SUCESSO NO MARQUEE

ARTISTAS

STEVE LUKATHER DO TOTO

SUSHI COM SCORPIONS

TARJA EM SUA VERSÃO BADGIRL

TETE, ALBERTO, FABIO, LUCA E NIKO

THE KILLER - JERRY LEE LEWIS

TIETANDO OZZY OSBOURNE EM LONDRES

TOMANDO VINHO NAS RUAS DA ESPANHA

TREINANDO NA TEES BRAZIL COM MOTORHEAD

TURNÊ WAKEMAN WITH WAKEMAN BACKSTAGE CURITIBA, 1993

ÚLTIMO SHOW DO TWISTED SISTER COM MIKE PORTNOY

UMA BOA JANTA COM DANNY E DEE

O HEAVY METAL DO BRASIL UNIDO

UMA DUPLA PERIGOSA

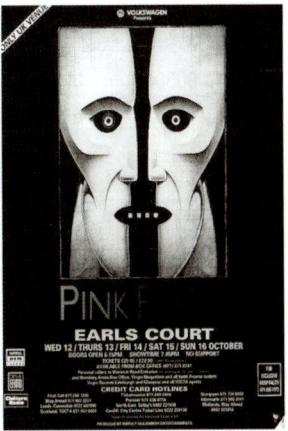

PINK FLOYD EM TURNÊ PELA INGLATERRA EM 1994

Rocking All My Dreams

ARTISTAS

DANDO UM PASSEIO DE HELICÓPTERO COM RUDOLF

COM JOE ELLIOT, DO DEF LEPPARD

TONY E DEREK

COM MANU CHAO

TETE, ALBERTO, FABIO, LUCA E NIKO

COM MATT SORUM

COM TARJA E SILVANO

COM BRUCE DICKINSON E TRIBUZY NA MTV

COM JOÃO DUARTE DESIGNER DA TOP LINK MUSIC

COM RICK BONADIO NA FINAL DO POPSTAR

UM DRINK EM ALTO MAR

BLACK MARKET DE TIJUANA

O DVD QUE FIZ COM O SCORPIONS

INGRESSO BON JOVI

INGRESSO DEF LEPPARD

ARTISTAS

REUNIÃO COM MASSACRATION

CAMARIM DA GRAVAÇÃO DO DVD AO VIVO DO MASSACRATION

UMA BOA JANTA COM DANNY E DEE

CREEDENCE AO VIVO EM CURITIBA

COM PHIL COLLINS

COM APOLYPTICA NO MÉXICO

COM AVALANCH NAS PIRÂMIDES DO MÉXICO

COM MALDITA VECINDAD

COM COLOR HUMANO

COM PLÁCIDO DOMINGO

COM MALDITA VECINDAD

COM SEGURIDAD SOCIAL

COM JUAN PERRO Y BANDA

NO CAMARIM COM CREEDENCE

COM SIMON PHILLIPS

ARTISTAS

COM HAMMERFALL

COM UDO EM CURITIBA 2004

COM MIGUEL RÍOS E DEYSE

COM JOE SATRIANI

COM BOY GEORGE EM LONDRES

COM ALEX VAN HALEN

COM DUFF MCKAGAN DO GUNS N' ROSES

COM MR. BIG

COM JANICK GERS DO IRON MAIDEN

COM ROXETTE

COM SAMMY HAGAR

ANDREAS KISSER, KLAUS MEINE E PETER AMEND

ARTISTAS EM VENICE BEACH, CALIFORNIA

COM GILBY CLARKE

COM GREG LAKE

ARTISTAS

TOMANDO UMA CERVEJA COM FABIO LIONE

ROY Z E LAMPADINHA

COM TITIO, ROSÂNGELA E BRANCO KISS FM EM PESO

COM KLAUS NA EMBAIXADA DO PARAGUAI

COM MALTA

COM KIKO LOUREIRO EM LOS ANGELES

COM DEE E DANNY NAS PIRÂMIDES DE TEOTIHUACAN

PF-PR E ANGRA

ADRIANO, FELIPE, JULIO E ARDANUY

ASSISTINDO JOGO DO BRASIL NA COPA DE 2018

COM MUITOS SONHOS - E CABELOS - NA CABEÇA

TORNEIO DE KART COM OS METALEIROS DO BRASIL

DEREK, BUMBLEFOOT E ANGRA

MALTA NA PREMIERE DO FILME BOHEMIAN RHAPSODY

COM KLAUS MEINE

Rocking All My Dreams

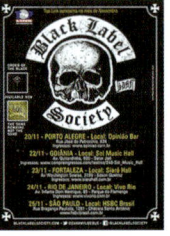

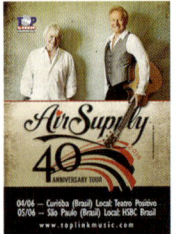

CARTAZES

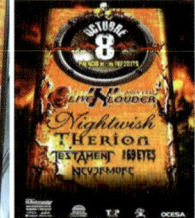

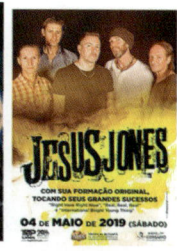

CARTAZES

Rocking All My Dreams

CARTAZES

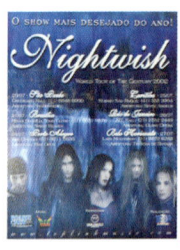

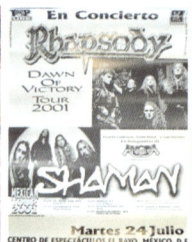

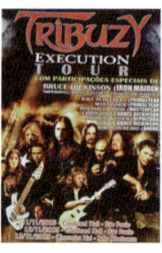

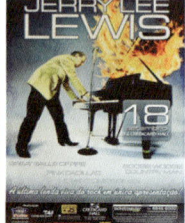

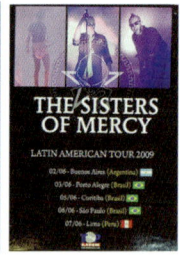

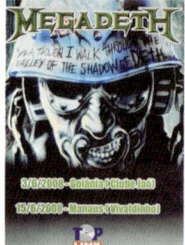

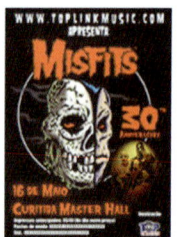

Paulo Baron Rojo

CREDENCIAIS

CREDENCIAIS

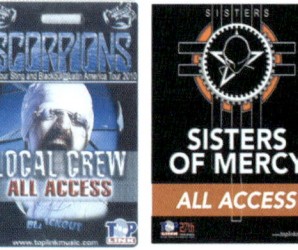

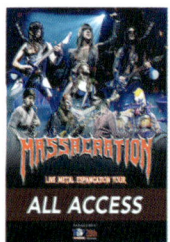

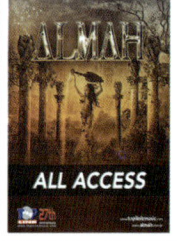

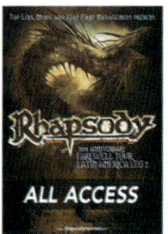

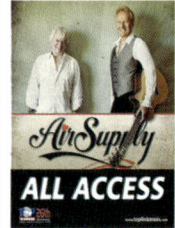

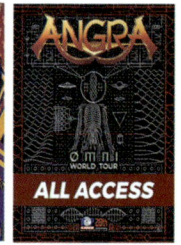

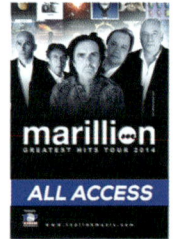

114

Paulo Baron Rojo

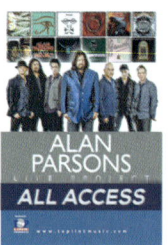

GUITARRAS

GUITARRA ORIGINAL DO SCORPIONS ASSINADA POR TODOS OS MEMBROS E EX-MEMBROS DA BANDA

GUITARRA DO GRANDE BUDDY GUY, GANHEI DELE NO ÚLTIMO DIA DA TURNÊ EM BUENOS AIRES, 2012

GUITARRA QUE SLASH NÃO QUIS, ASSINADA COM DEDICATORIA POR ELE, GARY MOORE, CARLOS SANTANA E JIMMY PAGE

GUITARRA ASSINADA POR ZAKK WYLDE

KIKO LOUREIRO

GUITARRA DO ANTHRAX

Rocking All My Dreams

MÍDIAS

PÚBLICO Lunes 15 de noviembre de 1999 — **Arte & Gente** — 5

El adiós a Zimmermann

La pirámide de Coxala se envolvió —la noche del sábado pasado— de sonidos y magia para darle el último adiós a Christoph Zimmermann, músico alemán fallecido el martes pasado en el accidente aéreo de Taesa.

Alguna vez, Christoph comentó que al morir le gustaría que sus cenizas fueran esparcidas en Coxala (en San Juan Cosalá, Jalisco).

La pirámide de Coxala, en San Juan Cosalá, fue el escenario en el que los grupos Tanzwut y Blind Passengers despidieron a su coterráneo, siguiendo su deseo de que este lugar fuera su última morada.

GABRIELA ACOSTA

Zimmermann deseaba que sus cenizas fueran esparcidas en Coxala

Actual..!

Paulo Barón
«La música marca la historia»

Magna Carta se muestra al público por medio de Top Link

Madredeus: Fineza y sensibilidad

Música inconseguible de Top Link

Sonido independiente

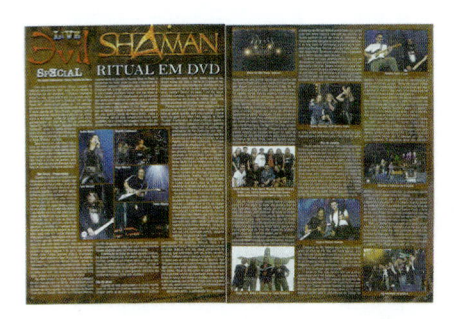

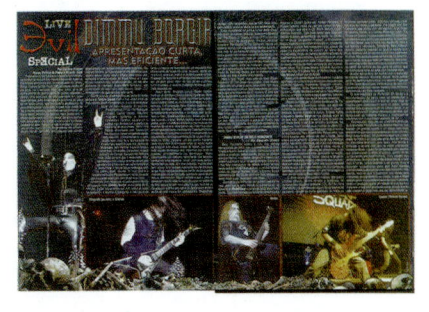

MÍDIAS

Rocking All My Dreams

MÍDIAS

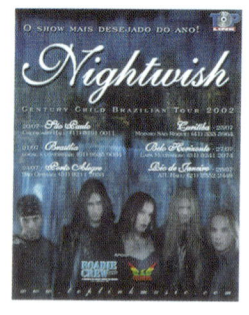

SET LIST

SCORPIONS
Sao Paulo, 21.09.2012

1. Intro
2. Sting in the tail — D#
3. Make it real — D#
4. Is there anybody there — D
5. The zoo — D
6. Coast to coast — D
7. Loving you Sunday morning — D
8. The best is yet to come — D#
9. Send me an angel — D#
10. Holiday — D#
11. Raised on Rock — D
12. Tease me, please me — D
13. Hit between the eyes — D
14. Kottak attack
15. Black out — D
16. Six String Sting — Matthias
17. Big city — D
18. Still loving you — D#
19. Wind of change — D#
20. No one like you — D
21. Rock you like a hurricane — D#

The Invisible Man
You're Gone
Power
Cover My Eyes
Sugar Mice
Afraid Of Sunrise
Man Of 1000 Faces
Easter
Kayleigh
Lavender
Sounds That Can't Be Made
Afraid of Sunlight
King
====================================
Hooks In You
No One Can
Beautiful
3 Minute Boy

Marillion, South America 2016. Gran Rex, Buenos Aires, Argentina. 3 May 2016

LATIN AMERICA 40TH ANNIVERSARY 2
THUNDERBOLT ?
WHEELS OF STEEL
STRONG ARM
D&L
BATTERING RAM
FROZEN RAINBOW
BACKS TO THE WALL
THEY PLAYED R&R
POWER AND THE GLORY
HUNGRY YEARS?
DOGS OF WAR
747
BANDS ARE PLAYED
LION HEART
TO HELL AND BACK AGAIN
DALLAS 1 PM
CRUSADER
ENCORE
HEAVY METAL THUNDER
NEVER SURRENDER
PRINCESS

ANGRA
ØMNI World Tour 2018

1. NEWBORN ME
2. ANGELS AND DEMONS
3. RUNNING ALONE
4. LIGHT OF TRANSCENDENCE
5. TRAVELERS OF TIME
6. BLACK WIDOW'S WEB
7. INSANIA
8. THE BOTTOM OF MY SOUL
9. WAR HORNS
10. CAVEMAN
    ------------DRUM SOLO-----------
11. MAGIC MIRROR
12. ALWAYS MORE
13. SILENCE INSIDE
14. SPREAD YOUR FIRE
15. EGO PAINTED GREY
16. HEROES OF SAND
17. CAROLINA IV
18. REBIRTH
19. NOVA ERA

Rocking All My Dreams

TOURBOOKS

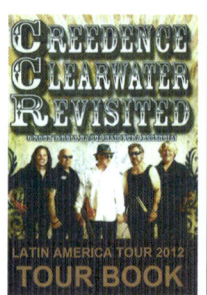

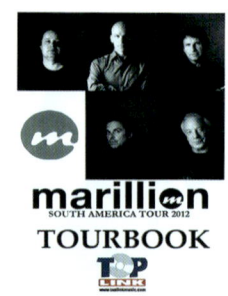

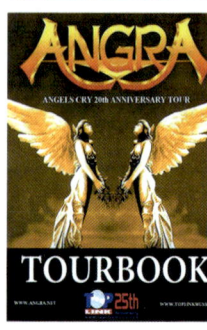

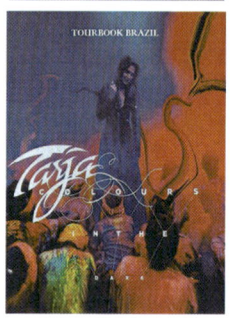

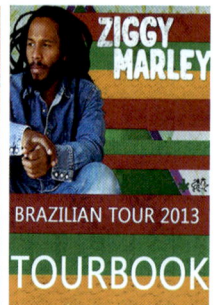

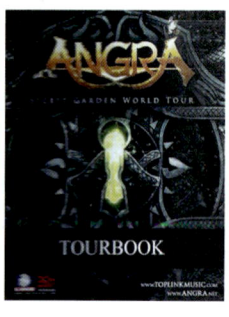

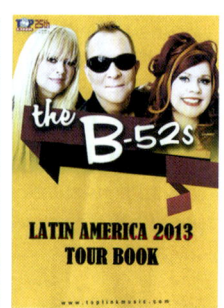

HOLY DIVER

Um nome substancial para um novo capítulo de minha história...
— Oh, querido Ronnie, super-herói de minha adolescência, quem diria que faríamos tantos shows juntos? Pensar que nossos caminhos se cruzariam... Diante de meu universo sonhador, em que nada delimita meu desejo, confesso que não imaginava receber tamanha dádiva. Quantas aventuras, quantos ensinamentos. Deus, quanta música boa! Aquele velho vinil escondido como um tesouro cobiçado por piratas, oculto para que meus pais não o encontrassem, era uma afronta aos princípios religiosos da época, uma capa que exalava heresia, mas para mim a pura essência do rock. Tudo vinha como sagrado, jamais como profano ou herege...

Em abril de 2006, recebo a notícia de que a Holy Diver Tour, do Dio, estava passando pelos Estados Unidos. A bordo desse iluminado trem estavam Simon Wright (ex-baterista do AC/DC), Doug Aldrich (ex-Whitesnake), Scott Warren (tecladista do Warrant, Berlim), Rudy Sarzo (baixista que já havia tocado com Ozzy, Whitesnake e Quiet Riot), e, claro, o fantástico Ronnie James Dio.

Desnecessário falar da habilidade de cada um, tamanho o virtuosismo, mas para mim esses nomes soam como o mais belo e intenso trovão. Basta dizer que cada um desses heróis está presente em meu coração. Além do valor que cada um representa para o rock, não posso deixar de lembrar-me das inúmeras histórias que tive o privilégio de ouvir diretamente dos próprios. Histórias sobre a rica trajetória do rock nos anos oitenta. Por exemplo, é impossível esquecer de Rudy Sarzo falando sobre suas experiências com Ozzy e Randy Rhoads, entre outras centenas de histórias. Ouvia tudo como se fosse uma criança. Posso falar com orgulho que Rudy Sarzo e eu somos grandes amigos. Mais que isso, existe algo extremamente valioso nessa questão. Rudy é um dos grandes ícones do rock, teve sua ascensão no início dos anos oitenta e, além de ser um exímio músico, é latino, assim como eu. Em meu âmago, isso era substancial, extremamente intenso, e me identificava com isso, pois como latino sei das inúmeras dificuldades existentes pelo caminho. Infelizmente muitas vezes não basta apenas o virtuosismo, a capacidade, o talento — precisa-se vencer o tolo preconceito. Enfim, abro meu coração para confessar algo que ostento com muito orgulho. Posso dizer com a alma que me sinto feliz e prezo muito a amizade com Rudy.

Poderia passar horas e horas falando sobre esses grandes ícones. Mas, voltando ao Dio, lembro-me de quando chegamos a Santa Cruz de La Sierra, na Bolívia, onde, inclusive, vivem alguns familiares meus. Um deles é o grande personagem já citado aqui, meu querido primo Fábio Zambrana, que escreveu a música "La Bomba" e que, inclusive, era o promotor do show que Dio faria na cidade.

O episódio foi o seguinte: ao desembarcarmos no aeroporto, teríamos de passar pelo saguão, cujo espaço tinha a extensão do quintal da minha casa. Sim, imaginem cerca de mil pessoas amontoadas, vestidas de preto, enlouquecidas, num espaço equivalente a um jardim não muito extenso. Não havia chance de sairmos do aeroporto sem perdermos uma parte de nossos corpos. Os fãs, em êxtase, jamais haviam recebido qualquer estrela do rock. Dio e seus grandiosos músicos eram a primeira atração de peso. Em meio a esse tenso panorama, Ronnie veio a mim e propôs a seguinte ideia: iria até o veículo que nos aguardava lá fora, deixaria seus pertences e em seguida retornaria para atender a todos os fãs que ali se encontravam.

De início achei uma completa loucura, mas, seguindo suas ordens, subi na cerca de proteção e gritei alto, para que todos pudessem ouvir. Anunciei que Dio sairia por alguns minutos, precisava que o deixassem passar em segurança, e que, se assim ocorresse, ele retornaria em seguida para dar a merecida atenção a todos. Foi incrível! Lembro-me de forma nítida como aquele gigante cumpriu de forma honrosa exatamente o que havia prometido, numa atitude corajosa perante aquela situação. Se já havia respeito e admiração de minha parte, o que eu poderia dizer após aquela bela cena? Dio fez questão de atender a cada uma das pessoas que ali estavam presentes, e afirmo que o fez com um sorriso extremante sincero. Quem esteve presente poderá atestar cada palavra aqui escrita.

No dia seguinte, saímos para comemorar o aniversário de Ronnie, e no outro, aconteceu o tão aguardado show. No camarim, após a apresentação, mais uma vez Dio recebeu a todos que esperavam para conhecê-lo. O mais curioso de tudo é que as pessoas que ali estavam eram na maioria integrantes da minha família, com idades distintas. E pensar que eu escondia dos meus familiares aquele profano álbum de Ronnie James Dio...

Isso me faz lembrar de uma passagem. Quando eu tinha 16 anos, um amigo da família veio a mim pedindo informações sobre o heavy metal. O cara era escritor e se mostrava muito interessado pelo mundo metaleiro, e eu, como amante e conhecedor do gênero, fui sua fonte de informações. Sentia-me solícito, e, além do mais, era agradável falar sobre isso. Foi um choque, mais tarde, saber que o sujeito havia lançado um livro chamado A Cara Oculta do Rock, um livro que associava o rock ao satanismo. O filho da mãe me usou para escrever um livro, abusando da minha inocência para depreciar algo valioso para mim. Achei extremamente lamentável a atitude, um ato completamente infeliz, lastimável.

Empolgado com a turnê do Dio, me enchi de coragem e inspiração. Foi quando veio aquela ideia de repetir o Live'n'Louder. Sim, parece brincadeira, mas é a mais pura verdade. Nem relutei, apenas aceitei — precisava respeitar minha querida teimosia. Simultaneamente, enquanto tentava esquecer a ideia de realizar o festival (não tentei muito), já procurava um *headliner* para o evento. Eu me conheço, não tinha volta, iria acontecer novamente. Seguindo as raízes da minha paixão, logo pensei em Dave Lee Roth. Já que seria impossível trazer o Van Halen, por que não trazer um de seus ex-integrantes? Sempre admirei o Dave como músico, desde quando estava à frente do Van Halen, e até em sua carreira solo seria fantástico tê-lo no festival. Foi dessa forma que sacramentei o desejo.

Pensar na possibilidade de um *headliner* desse nível só me fez aceitar definitivamente a ideia. Em minha cabeça já estava tudo formulado: nesse ano, teria um evento de proporções maiores. Colocaria doze atrações de peso e escreveria mais uma heroica página na história do rock no Brasil. Mais tarde, tentei ponderar um pouco, porém sem muito êxito. Finalmente formulei a seguinte condição: se Dave Lee Roth aceitasse o convite, o Live'n'Louder aconteceria. Caso contrário, abandonaria a ideia. E se ele aceitasse mesmo? Sim, ele aceitou — "fodeu"! Definitivamente não havia volta. Claro que não!

As inúmeras situações que vivo em decorrência de meu trabalho são as mais variadas possíveis. Buscando viabilizar qualquer que seja o projeto ou o sonho, sigo determinado e persistente até que eu atinja o objetivo. Na verdade, isso é um pretexto para não diagnosticar apenas como teimosia crônica. Mantenho minha postura ética, mas confesso que não é fácil sobreviver nessa selva. É necessário agir rápido e da forma mais eficiente possível. Algumas vezes, tudo conspira a favor; em outras, nem tanto.

Para reforçar isso, volto no tempo e relembro de um fato ocorrido no México, em 1997, quando eu estava em meio a uma turnê do Emerson, Lake & Palmer. Precisava muito gerar mais alguns shows. A turnê era um tanto dispendiosa para os padrões da época, e eu precisava buscar algum patrocinador que me possibilitasse prosseguir com o projeto. Um contato meu, que trabalhava numa rádio, sinalizou um possível interessado, e eu, esperançoso, manifestei o desejo de conhecê-lo, mas antes disso, trocamos algumas informações através de emails e telefonemas. Fiquei bastante intrigado, pois o possível investidor gostaria de realizar o show do Emerson, Lake & Palmer em um local modesto que era de sua propriedade. Pelas minhas contas, não haveria lucro ao suposto contratante, levando em consideração o espaço físico, sem falar da simplicidade da casa, praticamente uma afronta a uma banda tão conceituada.

Apesar da dúvida, tentei ir adiante. Precisava aproveitar a oportunidade, e assim marcamos um almoço num conceituado restaurante em Guadalajara. Então, fui até o local agendado para tentar definitivamente organizar melhor os detalhes e concretizar o negócio. Mesmo desconfiado, precisamente às 14 horas daquele dia eu entrava no restaurante, e o primeiro impacto foi muito curioso. Próximo à mesa onde me aguardava, encontravam-se algumas figuras dignas de um filme mexicano, vestidos de forma estranha e ostentando bigodes exóticos. Essas figuras cinematográficas, parecendo seguranças, me indicavam a cadeira em que eu deveria sentar-me. Saudei a todos, e por fim fui apresentado ao meu possível investidor. Fiquei ainda mais intrigado. Não conseguia tirar os olhos dos exóticos gigantes que se posicionavam em pé atrás do meu interlocutor. Em meio à conversa, algo passou a me intrigar ainda mais à medida que o papo fluía. Sabia que conhecia o cara de algum lugar, só não sabia de onde. Discutindo os pormenores, disse a ele que não seria possível realizar o evento no local que ele havia escolhido. Expliquei que não seria rentável para ele, porém ele se mantinha convicto de sua decisão. Disse-lhe que dessa forma ele perderia dinheiro, e mesmo assim, respondeu-me que não importava, e em seguida me indagou:

— Quando você quer fechar negócio? Pagarei em dinheiro vivo.

Depois de ouvir isso, um filme automaticamente se passou em minha cabeça. Com espanto, seguido de um frio avassalador, acabava de descobrir de onde eu conhecia aquele cara: dos jornais. Tratava-se de um dos maiores traficantes do México! Sim, à minha frente, sentada à mesma mesa, encontrava-se uma das figuras mais perigosas do meu país. Parecia que eu o visualizava através do noticiário na TV. Enquanto ele me olhava, eu via apenas notícias de mortes e sequestros. O apocalipse se apresentava em carne e osso.

Em pânico, minha única reação foi pedir licença por um instante e ir ao banheiro. Lá dentro, sentindo um tornado desfilando em minha barriga, caminhei de um lado a outro, incrédulo. Estava diante de um dos traficantes mais famosos do México. Paranoia é leve para descrever o que eu realmente estava sentindo. Imaginava toda e qualquer possibilidade naquele momento. Poderia ser preso por associação ao tráfico, ser enterrado vivo por um traficante contrariado... Um pesadelo. A TV que eu visualizava em minha mente agora noticiava o meu funeral. Roguei aos meus queridos anjos celestes que me tirassem dali através do telhado, do encanamento ou por qualquer lugar que fosse possível. Mas eu não tinha escolha. Precisava voltar à mesa e me manter calmo. Pensei em algo que me possibilitasse alguma fuga sem deixar a impressão de que eu estava apavorado. Precisava ganhar tempo. Voltei à mesa e, merecendo o Oscar de melhor ator daquele ano, informei a ele que estava tudo certo, que só precisaria comunicar a banda sobre o local do show, e que, se eles concordassem, efetivaríamos o negócio.

Saí de lá atônito. Pensei em minha vida, em meus princípios. Jamais havia utilizado drogas, e muito menos me havia envolvido com traficantes. Tudo aquilo ia contra meus conceitos e valores, além de eu achar que de alguma forma aquele almoço poderia pôr em risco a minha integridade. Já no carro, a caminho de casa, eu parecia o saudoso Airton Senna numa de suas memoráveis corridas. Bati todo e qualquer recorde de ousadia e velocidade. Queria chegar logo a um local seguro.

Logo que cheguei em casa, liguei meu computador e busquei na internet informações sobre o cara que havia almoçado comigo havia alguns minutos. Vi com meus próprios olhos novamente a mesma figura, e à sua imagem seguiam inúmeros textos exaltando seu poder de destruição. Alguns dias depois, tomei coragem, entrei em contato com o traficante e informei a ele que a banda tinha desistido de tocar. Pedi cordialmente desculpas, e graças novamente aos céus, consegui resolver aquela nefasta questão. Após aquele episódio, procurei ter ainda mais cuidado ao realizar ou concretizar qualquer evento ou parceria. Acendi algumas velas também.

Voltando ao Live'n'Louder, escolher as bandas para o evento não foi tão complicado. Eu já estava estabelecido como profissional, ganhava cada vez mais credibilidade no segmento musical, e assim, com tudo evoluindo, dei a largada para a nova edição do Live'n'Louder. Teríamos menos de seis meses para preparar tudo. A data seria 14 de outubro do mesmo ano. Num piscar de olhos, já estava a dois dias do festival. Dave Lee Roth acabava de desembarcar em São Paulo, e logo enviou um recado dizendo que gostaria de me conhecer. Sendo assim, combinamos um horário, e quase imediatamente me vejo no hotel em que ele estava hospedado. Sou recebido pelo simpático Dave Lee Roth com um sorriso largo, e ele me convida a entrar em seu quarto. Tomamos um vinho e batemos um bom papo, que seguiu por um bom tempo. Extremamente feliz, me despedi de meu ídolo e saí. Tinha consciência de que ele precisava descansar, e deixei o lugar com um sorriso muito maior do que aquele com que fui recebido.

Espanta-me saber como esses ícones criam dentro de nós esses complexos sentimentos. É incrível pensar que mesmo após tantos anos vivendo dentro desse mundo, ainda tenho a capacidade de me emocionar intensamente.

No dia 14 de outubro de 2006, mais uma edição do festival Live'n'Louder acontecia na cidade de São Paulo, dessa vez no Anhembi. O problema maior dessa edição foi o cancelamento da banda Saxon em cima da hora. Simplesmente não apareceram no aeroporto quando fomos buscá-los, e isso nos causou sérios danos. Mas tudo bem, o Biff e eu nos acertaríamos mais tarde a respeito disso. O pior foi ter de me justificar junto aos fãs enfurecidos. Fiquei muito chateado com a situação, principalmente porque já havia trabalhado algumas vezes com o Saxon e tinha um grande carinho por eles. Não conseguia compreender a atitude de não comparecerem e nem se justificarem depois.

Acordei empolgado no dia do evento. Dez mil ingressos antecipados foram vendidos. Para atingir o ponto de equilíbrio, precisava de dezessete mil pessoas. Não era um número tão expressivo, tratando-se de São Paulo. Como a esperança é a última que morre, eu me mantive confiante, principalmente levando em consideração o fato de que na primeira edição do evento havíamos superado esses números facilmente, além do fato de que haveria mais bandas nesta nova edição. Os portões foram abertos no horário programado.

Um detalhe que me toca muito é o fenômeno que ocorre quando os fãs correm desesperados tão logo os portões se abrem. Vejo isso com olhos emocionados. Percebo a juventude pulsante, a ousadia, a liberdade, todo o sentimento latente que explode em questão de segundos. Sinto o cheiro de minha juventude, me vejo correndo, também acompanhado por sonhos e expectativas, buscando desesperadamente um lugar à frente do palco, como sempre fiz.

Tudo transcorreu perfeitamente, exceto que o público não compareceu como desejado, e minha crescente agonia transformou-se em certa decepção. Esperava muito mais. Aliás, até hoje me vejo inconformado. Mas, enfim, são coisas do show business, possibilidades indesejáveis que acabam por acontecer. Cinco mil pessoas a mais dentro de um grande festival pode parecer pouco, mas naquele momento para mim era uma multidão, principalmente quando isso é necessário para fechar as contas. Por trás daquele sorriso forçado escondia-se uma angústia.

Em meio a tudo, alguém no rádio me avisa que Dave Lee Roth precisava falar comigo. Pensei no pior. Faltava cerca de quarenta minutos para que ele subisse ao palco, e pelo que me haviam informado, o Dave encontrava-se ainda em seu camarim, modestos quinhentos metros atrás do palco. Definitivamente, o pânico se instala. Precisava primeiro atravessar todo o espaço onde o público se encontrava, e a partir do palco, correr a pé mais quinhentos metros. Sim, me senti novamente numa maratona. O pior era que na linha de chegada talvez me aguardasse um pesadelo. Enquanto percorria os eternos metros, meu rádio não parava de chamar. Alguns prestadores de serviços haviam optado por receber seus pagamentos ao término do evento e, observando que o público estava aquém do esperado, sentiram certo receio de não receberem. Nunca havia dado motivos para tal insegurança, mas um produtor acaba sempre pagando por outros que não são profissionais. Correndo, banhado em suor, tentando pelo rádio acalmar cada um dos profissionais e ao mesmo tempo visualizando um pesadelo pior à minha frente, sigo em direção ao meu destino.

Finalmente, após eternos minutos de corrida, entro no camarim sem fôlego e apavorado, e sou recebido por um sorridente Dave Lee Roth, que, vestido com um excêntrico, porém elegante macacão azul, me convida a beber champanhe. Pedia para que brindássemos juntos. Sim, ele queria brindar pela felicidade da noite! Eu, sentado, com os olhos possivelmente arregalados, ainda aguardando pelo pior, subitamente percebi que o chamado era simplesmente para brindar! Ao entender que realmente estava tudo bem, senti uma vontade gigantesca de roubar a bebida de suas mãos e bebê-la toda em um só gole, no gargalo. Mal me havia refeito do susto quando ouvi Dave me convidando para que eu o acompanhasse até o palco. Saímos imediatamente, e já que ele não quis o carrinho elétrico, fomos a pé, mais quinhentos metros caminhando. Porém agora eu estava acompanhado de um grande astro do rock. Ele havia preparado tudo para que se parecesse a um ritual, Dave e eu juntos à frente, o *manager* um pouco atrás e os músicos logo em seguida. Era como uma quadrilha de gângsteres se aproximando do seu objetivo. Próximo ao palco, percebi o quanto Dave era benquisto pelo público, e ele respondia sempre com sorrisos. Passando pelos camarins, via claramente as faces das pessoas emocionadas por estarem próximas a um grande ídolo. Músicos, público, produção, imprensa, todos congelados diante da passagem de Dave, uma cena curiosa que permanece completamente viva em minha memória até hoje.

Com relação ao show em si, dispensa comentários. Digo apenas que foi sensacional. Na verdade, nem pude aproveitar muito. Enquanto o show rolava, eu corria feito louco para resolver uma série de problemas.

As luzes se apagam e mais uma edição do Live'n'Louder é concluída. Ao menos em parte, pois havia uma série de fornecedores enfileirados esperando o pagamento. Graças ao bom Deus, conseguimos acertar com boa parte das pessoas, mas algumas ainda ficaram por receber. Apesar das dificuldades, conseguimos honrar os compromissos em poucos dias e quitamos cada um dos débitos. Mesmo com prejuízo, pudemos ao menos ficar com nossas consciências tranquilas. Para tanto, tivemos de buscar fundos e limpamos nossas economias. Inclusive tivemos de vender um carro e um imóvel que recentemente havíamos comprado. Doeu muito nos desfazermos daquele bem, mas não tivemos escolha. Apesar da dor, nosso nome no meio musical precisava ser mantido. A única coisa que me recusei a fazer foi vender minha moto, uma forma de manter a chama viva dentro de mim. Foram necessários doze meses para que nós pudéssemos sair do vermelho. Dobrei minha carga de trabalho enquanto a Deyse se desdobrava para negociar com bancos e garantir alguns empréstimos. Dessa forma, com muito sacrifício, conseguimos nos restabelecer. Em meio a tudo isso, por incrível que pareça, ganhamos ainda mais crédito em nosso segmento. Os esforços foram recompensados com mais prestígio e confiança, e uma amostra disso foram as inúmeras oportunidades que obtivemos na sequência.

Em um ritmo intenso e contínuo, já em 2007, nos preparamos para trabalhar novamente com o Scorpions e com o retorno do Heaven and Hell. Duas bandas de peso com que teríamos a honra de trabalhar. Digo de início que esse ano seria extremamente intenso, um dos mais marcantes de minha vida.

Dentro da projeção do que eu sonhava fazer, sempre optei pelas coisas além do trivial, do comum. Voltando de uma turnê com a banda Inner Circle, com a qual já havíamos trabalhado em outra ocasião, me dirijo à minha casa em Curitiba para descansar e matar saudades de minha família. Era por volta de maio, e aproveitei aqueles dias para me dedicar à minha vida particular. Foi nesse clima descontraído que obtive mais uma inspiração. Em uma conversa com minha pequena filha, recebi uma grande aula de humanidade. Aquele gracioso ser me falava com propriedade sobre consciência ecológica, me disse que não tomaria mais banhos quentes e que iria economizar energia elétrica como forma de preservar o meio ambiente. Falou sobre a poluição das cidades, e de como isso afetava a rica Floresta Amazônica. Tocado por aquelas palavras, tentei refletir sobre o quanto somos egoístas, o quanto absorvemos da natureza sem a ínfima preocupação de reconstituí-la ou de preservá-la.

Automaticamente me lembrei de meus pais e das inúmeras vezes em que estiveram mergulhados no meio da Floresta Amazônica distribuindo comida e roupas para as comunidades mais afastadas. Aquilo tudo foi um tapa em minha face. Senti-me de certa forma egoísta e em débito. Ao mesmo tempo, fiquei feliz por saber que minha filha estava adquirindo consciência das coisas. Morávamos em Curitiba, uma cidade que sempre tivera apelo ecológico. Boa parte da cultura local sempre exaltou a necessidade de preservar a natureza, e eu precisei ter uma aula com minha filha para tomar conhecimento de todo esse contexto. Foi assim que resolvi de alguma forma criar algo com um apelo ambiental, desenvolver algo que beneficiasse uma causa, uma cultura.

A ideia foi levar o Scorpions para tocar na Amazônia, e dessa forma chamar a atenção da mídia para aquele incrível lugar. Claro que não seria nada fácil. Primeiramente precisaria convencê-los, o que já seria difícil. Pensei primeiramente no Scorpions, obviamente porque eu iria realizar uma turnê com eles, mas também pelo fato de a banda sempre estar envolvida musicalmente com momentos importantes da história do planeta. Em minha cabeça, pensava em todos os pormenores e no desenrolar da história, se haveria impacto ambiental e riscos aos integrantes da banda e a toda a sua produção. Pensei na logística, na viabilidade, e se a mensagem do projeto seria captada pelo público e pela mídia...

Tão logo pude, entrei em contato com Peter, empresário da banda, e falei sobre a possibilidade de levá-los à Amazônia. Ele imediatamente me desestimulou, e quase não me deu chance de explicar. Fiquei completamente contrariado, mas não desisti. Acreditava em todo aquele contexto, e precisava explicá-lo pessoalmente. Queria a todo custo vender aquela ideia. Minha teimosia reinava novamente. Precisava fazer aquilo e não mediria esforços para tanto. Agendei uma reunião com todos, e o local escolhido foi Granada, na Espanha, a pedido da banda. Fui até o local marcado, mas antes de partir tratei de mudar por conta própria a programação. Marquei um jantar envolvendo somente a banda. Com todo o respeito ao Peter, precisava burlar um pouco as regras, tudo em prol de uma boa causa. Precisando agilizar o processo antes que eu fosse desestimulado novamente, consegui me reunir somente com a banda uma hora antes do horário marcado para a reunião oficial. Era minha chance de explicar de forma persuasiva a essência da ideia. Foi curiosa a reação deles, para não dizer cômica, o que era perfeitamente compreensível. A visão do mundo para com as coisas do Brasil não era muito realista, principalmente no que diz respeito à Floresta Amazônica. Lembro-me de que na concepção da banda eu os levaria a tocar em plena selva, num local incrivelmente inóspito, onde mariposas gigantes vagavam nas sombras da noite, prontas a sugar o sangue de qualquer ser que estivesse com o pescoço à mostra.

Cômico? Saibam que essa era apenas uma das inúmeras histórias que o Peter contava sobre a Amazônia. Depois de ouvirem as informações reais, todos da banda ficaram impressionados, e, com a postura de que iriam partir rumo a uma expedição jurássica, acabaram por aceitar o convite de imediato.

Seguindo o mesmo protocolo de organização e qualidade, vejo mais um projeto se concretizando. Em um lindo palco, em local privilegiado, Manaus recebia o Scorpions, certamente algo que entraria para a história.

Apesar de tudo perfeitamente organizado, confesso que não foi fácil realizar esse evento. Muitos dos equipamentos tiveram que vir de outras localidades, o que trouxe certo transtorno, principalmente no quesito tempo e na questão financeira. Mas, enfim, tudo estava preparado para a grande apresentação, e naquele incrível momento relevei toda e qualquer dificuldade.

A poucos minutos do início do show, entro no camarim do Matthias e do Rudolf, e presencio uma cena hilária. Uma névoa pairava sobre a sala. Achei que uma festa estava acontecendo, mas era tanto inseticida e repelente que quase não enxergava ninguém no recinto, apenas fumaça. O medo de contrair malária ou outra doença qualquer fazia com que eles realizassem coisas estranhas como essa. E não parou por aí. Já no palco, com o show em andamento, me aproximo para ver mais de perto se tudo caminhava bem. Ao visualizar o Rudolf, percebo algo diferente. Longos cabelos louros se mexiam freneticamente, cabelos que não existiam minutos antes. Por que diabos o Rudolf estaria usando uma peruca? Não me lembro de tê-lo visto jamais fazendo isso. Aliás, esse nunca fora um hábito de nenhum integrante da banda. Fiquei realmente surpreso, e somente após a apresentação pude matar minha curiosidade. Perguntei ao Rudolf:

— Posso saber que diabos estava se mexendo sobre sua cabeça durante o show?

— Ah, era uma peruca! Precisava achar uma forma de espantar os mosquitos!

Não pude conter o riso. A criatividade humana vai muito além do imaginável. O medo e a precaução exacerbados nos fazem agir muitas vezes de forma curiosa. Aliás, não havia nenhum mosquito sobrevoando a área...

O show, além de formidável, rendeu um belo DVD, no qual consta uma dedicatória para mim e nossa equipe da Top Link. Como se não bastasse, a banda decidiu dividir os royalties, e uma parte da porcentagem veio para a Top Link, e outra foi destinada ao Greenpeace. Orgulho-me de ter feito parte daquele momento tão especial. Ao término do evento, tudo acabou dando muito certo. Tanto que, após aquele inesquecível dia, o Scorpions retornaria à Amazônia em outras oportunidades, com direito a passeio na selva, dança com os índios e mergulhos com o boto-cor-de-rosa (uma espécie de golfinho típico da bacia amazônica).

A seguir, já estávamos na estrada com o Heaven and Hell. Sempre foi assim, sem descanso. De forma contínua, seguíamos com a agenda, sem parar para pensar. O desafio agora seria conduzir mais uma leva de monstros sagrados do rock. O Heaven and Hell vinha com nada mais nada menos que Dio nos vocais, Tony Iommi nas guitarras, Geezer Butler no baixo e Vinny Appice na bateria, um prato cheio para todos que curtiam um bom rock 'n' roll.

Mas nos bastidores as coisas não eram bem assim, e alguns fatos tornavam isso mais evidente. Ao término de uma apresentação, enquanto levava o Dio ao seu hotel para descansar, resolvi dizer a ele que, em minha opinião, o Heaven and Hell era tecnicamente uma fantástica banda, porém faltava algo. Falei isso com tranquilidade, pois eu tinha uma ótima relação com Ronnie e me senti à vontade para expressar minha opinião. Para minha surpresa, ele me responde, um tanto pensativo:

— Pois é, creio que nos juntamos por conveniência.

Para mim, o Dio, com a sua própria banda, além de uma energia mais intensa, desferia uma leva mais ampla de canções fantásticas. Além de tocar suas músicas em carreira solo, em que também ia de Rainbow a Black Sabbath.

Outra questão curiosa foi o que visualizei pessoalmente durante os voos. Não havia comunicação entre os integrantes da banda, e eram suas respectivas esposas que acabavam levando as informações. Elas, como empresárias de cada um, encarregavam-se dos pormenores. Sendo assim, logo após a segunda apresentação, deixei de estar presente aos shows, por questões óbvias: o clima não era legal.

Com relação à turnê em si, obtivemos grande sucesso, graças a Deus, sem maiores percalços. Os shows foram apenas em território mexicano, sendo assim, aproveitei para rever meus familiares e curtir alguns dias em minha terra natal.

Quase finalizando o ano, saí ainda em turnê com as bandas Symphony X e Therion. Duas turnês extensas, mas, apesar do desgaste físico, foi realmente um ano muito produtivo.

So close no matter how far
Couldn't be much more from the heart
Forever trusting who we are
And nothing else matters

Tão perto, não importa quão longe
Não poderia ser muito mais vindo do coração
Sempre confiando em quem nós somos
E nada mais importa

Metallica — Nothing Else Matters

2008

Como sempre, após alguns dias de férias, automaticamente meus neurônios voltam a ferver. Assim, fui arrebatado por uma grande ideia. No ano anterior, num encontro com o Scorpions, tive a oportunidade de presenteá-los com uma série de discos de músicos brasileiros, que iam de Marisa Monte a Carlinhos Brown, de Djavan a Lenine, de Paralamas do Sucesso a Nação Zumbi. O resultado dessa ação foi sensacional. Todos os integrantes do Scorpions amaram cada um dos discos. Aproveitando a onda, enquanto viajávamos juntos, passei uma ideia ao Rudolf. Tratava-se de fazer uma fusão das canções do Scorpions com elementos da música brasileira. Voltei mais uma vez com uma grande alegria na mala: a banda havia gostado da ideia.

De volta a Curitiba, retomei a minha vida. Dentre tantas outras coisas, voltei a me exercitar na academia, ato fundamental não somente para o corpo, mas também como forma de equilibrar as ideias. A academia que sempre frequentei pertence a um amigo chamado Renato Gava e situa-se ao lado de um espaço cultural fabuloso chamado Parque das Pedreiras, local onde se situam a famosa Ópera de Arame (belo teatro feito de tubos de aço e estruturas metálicas) e a Pedreira Paulo Leminski (espaço para shows que leva o nome de um dos maiores poetas brasileiros). Essa pedreira desativada, cercada por uma área verde incrivelmente preservada, já presenciou shows memoráveis de artistas como David Bowie, Paul McCartney, David Gilmour, Ozzy Osbourne e bandas como Iron Maiden, AC/DC, Pearl Jam, Black Sabbath... O legal disso tudo é saber que a família do Renato e do Rafael, irmãos e proprietários da academia, faz parte do histórico desse belo espaço. É incrível ver como as coisas estão interligadas. A música, como já disse, é muito mais que um simples gosto. Ela tem o poder da conexão, da sintonia, é pura dádiva.

Voltando aos meus exercícios físicos, estava eu, embalado por uma ótima trilha sonora (graças a Deus, pode-se ouvir rock no som ambiente da academia), pensando sobre o projeto novo com o Scorpions. Faria algo experimental em breve, utilizaria grandes elementos da música popular brasileira e fundiria com outro ritmo vindo do velho mundo. A cada segundo mais inspirado, entre um exercício e outro, montava cada peça do que seria mais um grande espetáculo em minha vida. Foi nesse clima, entre a música de fundo, o exercício físico e os pensamentos sobre um novo projeto, que fui abordado por alguém que treinava a meu lado.

* * *

"Não fazia a menor ideia de quem se tratava. Chamou-me a atenção a camiseta vermelha com o símbolo da banda Scorpions. Encontrar alguém que ama o rock 'n' roll e que de alguma forma faz questão de declarar esse amor é no mínimo louvável e passível de congratulações. Foi dessa forma que eu, Emerson, conheci esse grande "cabrón", e desde então já se vão anos de grande amizade. Hoje me encontro escrevendo a história

desse cara fantástico. Enquanto transcrevo cada emoção, cada memória, reflito sobre o quanto a música é capaz de construir, e entre muito trabalho, pesquisas, projeções, risos e cervejas, aproveito para usar uma das frases que o Paulo sempre profere:
   — *Música é mais que um gosto: é conexão, é sintonia, é dádiva."*

* * *

O Emerson exclamou:
— Legal sua camiseta do Scorpions!
Agradeci e perguntei:
— Você também gosta de rock? Que bandas você curte?
Dessa forma, entramos em um bom papo sobre música, em que enumeramos nossas bandas prediletas. E aqui estamos hoje, ainda falando e escrevendo sobre música.

Com base na ideia que tive da fusão de ritmos, acabamos por criar, o Scorpions e eu, a turnê Electric e Acoustic. O intuito era dar uma nova roupagem aos grandes clássicos da banda, acompanhada por sete competentes músicos brasileiros escolhidos por mim a dedo. Entre eles estava Andreas Kisser, guitarrista do Sepultura.

Quanto à escolha dos músicos, lembro-me de que foi um processo bem minucioso, iniciado desde a concepção do projeto. Há um bom tempo, eu e o Peter (*manager* dos Scorpions) viajamos para nos encontrar com o Carlinhos Brown, e este nos mostrou como ficariam as canções com os elementos da música brasileira inseridos. Passamos dois dias acompanhando os arranjos, e a partir daí começamos a finalizar a escolha dos músicos, assessorados pelo Carlinhos.

Restava apenas uma dúvida para concluir o elenco, e eu não sabia se chamaria o Kiko Loureiro ou o Andreas Kisser. Queimando os neurônios para decidir, acabei ligando para o

Andreas e efetivei o convite. O mesmo aceitou prontamente, dizendo que amava o Scorpions e seria um grande prazer participar daquele projeto. O resultado de todo esse trabalho foi maravilhoso. A turnê percorreu toda a América Latina, levando fantásticas apresentações e tendo lotação máxima em quase todas as cidades.

Para não esquecer, destaco mais um episódio da série "Momentos Curiosos com o Scorpions". Um dia após o show na Cidade do México, James Kottak (baterista) teria outra apresentação, dessa vez com seu projeto solo, e nós iríamos prestigiá-lo, evidentemente. Duas horas antes do show de Kottak, me reuni com o Scorpions para um happy hour ao lado da casa de shows onde seria a apresentação. À base de muita Don Julio, nos distraímos em meio a centenas de histórias, risos e repetidas doses. Por fim, acabamos nos esquecendo do início da apresentação da banda de James. Alertados sobre nosso compromisso, procuramos rapidamente uma forma de chegarmos em segurança ao local onde seria o show, mas havia um probleminha: não havia conexão do bar com a casa de espetáculos, mesmo fazendo parte do mesmo complexo. Desesperado, perguntei ao gerente do bar se haveria uma forma segura de levar a banda até o outro lado. O gerente me disse que a única forma segura seria sair do bar e entrar pela porta da frente da casa de shows. Obviamente isso seria impossível, não poderia levar os Scorpions a correr esse risco. Descartada essa hipótese, perguntei se haveria outra forma, e ele me respondeu sorridente:

— Pelo teto!

O sorriso do atendente prontamente se desfez quando eu disse:

— Está ótimo! Iremos por lá então!

Claro que se tratava de uma grande loucura. Percebi isso enquanto atravessávamos uma estreita passagem com menos de setenta centímetros de largura e a cinco metros do chão. Não eram somente as dificuldades, como a altura, a escuridão e todos os riscos óbvios daquela estupidez. A questão principal era a quantidade de tequilas que havíamos ingerido, o que acentuava ainda mais as dificuldades. Era uma aventura extrema! Graças aos céus novamente, consegui fazê-los chegar ao nosso objetivo sãos e salvos, mas confesso agora que jamais repetirei tal ousadia.

Essa foi mais uma grande turnê de minha vida por vários motivos, inclusive pelo fato de os integrantes do Scorpions terem visitado pela primeira vez a nossa casa em Curitiba. Eu e minha família nos sentimos muito felizes e prestigiados.

Nesse ano ainda trabalharia com o TSOL, Echo and The Bunnymen, Gene Loves Jezebel, Grave Digger e Symphony X.

Outra situação inusitada ainda nesse mesmo ano foi uma que envolveu o vocalista Ian McCulloch, da banda Echo and the Bunnymen. Estávamos saindo de um hotel em Porto Alegre, de onde seguiríamos viagem rumo a Curitiba, para um show, quando visualizei o Ian sentado no bar do hotel, bebendo café com uísque. Detalhe: eram sete horas da manhã. Obviamente aquilo me deixou preocupado.

Quando chegamos a Curitiba, na saída do aeroporto, escuto Ian dizendo que não se sentia bem e que talvez não se apresentasse. Minha preocupação aumentou consideravelmente. Mais tarde, já no hotel, confirmava-se o que eu tanto temia, que Ian realmente não faria o show. Normalmente minha atitude seria mais severa diante de fatos como esse, mas rapidamente percebi que deveria agir com psicologia. Horas depois, faltando quatro horas para o show, precisava pensar em algo que mudasse o panorama e, tentando ganhar tempo, perguntei ao Ian se ele gostava de tequila. Ele me disse que sim, e portanto combinamos de beber no saguão do hotel. O problema é que a referida tequila estava em minha casa. Precisaria de cerca de uma hora para retornar com a preciosa Don Julio.

Uma hora depois, voltei ao hotel e pedi que chamassem o Ian, enquanto o esperava no saguão. Em meus pensamentos, via uma ampulheta cuja areia escorria à velocidade da luz e sentia que as coisas não terminariam bem. Tão logo ele chegou, pedi que se sentasse, e, auxiliado pela tequila, agi como um verdadeiro psicólogo. Conversamos intensamente sobre várias coisas cotidianas, e quando senti que as coisas estavam um pouco mais leves, sugeri que fôssemos ao local do show, simplesmente para curtirmos juntos e encontrarmos alguns amigos. Para minha surpresa, ele concordou. Agradeci a Don Julio — o plano talvez funcionasse.

Quando chegamos à casa de shows e o Ian se deparou com o restante dos músicos da banda, ele simplesmente decidiu que subiria ao palco e cantaria. Um misto de felicidade e fúria se apoderou de mim. Não sabia se o abraçava ou se brigava com ele, mas o fato é que o show aconteceu e no final acabou saindo tudo a contento.

Em 2008, também trabalhamos com o Megadeth, e pude presenciar algumas situações interessantes envolvendo o vocalista e guitarrista Dave Mustaine. Num dos shows que envolvia a turnê latino-americana, vi-o demitir um de seus assistentes em pleno show. Ao microfone e de forma exaltada, bradou severas críticas ao profissional, e em seguida o despediu.

Num outro show, na cidade de Goiânia, após a apresentação, Mustaine passou horas caminhando pelas ruas em plena madrugada. Naquela época, apenas conhecia Dave Mustaine pelo seu grande talento, mas não o conhecia nos bastidores, nem suas manias e defeitos. Difícil entender a nossa complexidade como seres humanos, o que alimenta nossa vaidade e exalta nossas loucuras. Alguns anos depois, presenciaria mais a fundo o complexo comportamento de Mustaine. Permitam-me agora romper qualquer barreira cronológica e narrar o fato.

Em 12 de agosto de 2016, o Angra abriria o show do Megadeth em Brasília. O que tinha tudo para ser uma noite memorável acabou tornando-se um pesadelo para mim, mas não para o público, que nem sequer percebeu o que acontecia nos bastidores.

O *backstage* é como o lado escuro da lua — o público nem imagina o que acontece atrás do palco. Os problemas começaram algumas horas antes do show, mais precisamente às 17:30, quando o Megadeth atrasou em uma hora e meia o seu *sound check* e o Angra aguardava a sua vez de passar o som. Os portões deveriam ser abertos às 20 horas, portanto o atraso iria interferir diretamente em nosso cronograma.

Outra situação importante, e talvez a chave de toda a questão, era o fato de o Kiko Loureiro, atual guitarrista do Megadeth, apesar de não mais pertencer ao Angra, ainda ser sócio da banda, o que para o "complexo" Dave Mustaine provavelmente não era uma situação bem digerida. Refiro-me à questão da vaidade, nada relacionado aos negócios. Ciúmes? Kiko faria uma participação especial com sua ex-banda, tocariam juntos algumas músicas, e talvez isso tivesse desagradado a Mustaine.

Pois bem, quando o Angra finalmente iria adentrar o palco para o *sound check,* Dave Mustaine se dirigiu ao Rafael Bittencourt (guitarrista do Angra) e o questionou sobre o porquê de eles quererem que o Kiko fizesse uma participação especial com o Angra. O problema, na verdade, foi a forma irônica como ele perguntou, e isso gerou ainda mais tensão. Mas o ápice do problema ocorreria mais tarde, no momento em que o Angra efetivamente abria as apresentações daquela noite festiva. Aos quarenta e cinco minutos de apresentação, o telão e a maioria das luzes do palco foram simplesmente desligados, provavelmente por ordem de Mustaine.

Indignado e tomado pela fúria, me dirigi ao *tour manager* do Megadeth e perguntei o motivo de tudo aquilo. Ele, tentando transparecer controle, me convidou a descer do palco para conversarmos no camarim. Eu obviamente respondi que não, e queria as luzes ligadas imediatamente.

Foi nesse instante que fui convidado a me retirar. Nem havia percebido que eu estava cercado por toda a equipe técnica deles e estava na iminência de ser lançado para fora. Bastava qualquer movimento e eu atingiria o sonho da maioria dos seres humanos, voar como um pássaro — mas, acreditem, não seria prazeroso naquele instante. Como num filme, meu *tour manager*, Pitú, apareceu repentinamente em cena e, num ato nobre de bravura, tentou me defender. Foi um ato heroico, porém não deu certo: o coitado foi arrastado pelo pescoço para fora, e antes que acontecesse coisa pior comigo, saí andando, inconformado com aquela situação.

Detalhe: Mustaine acompanhava tudo de perto. Estava ao lado o tempo todo, acompanhando a confusão, o que percebi apenas depois.

Tenho a impressão de que acabei tornando-me um para-raios de tudo aquilo, e penso agora que talvez coisas piores tivessem acontecido naquela noite, caso não tivéssemos protestado. Ao final de toda aquela desagradável situação, afirmo que o Angra acabou saindo ovacionado pelo público, em virtude da primorosa apresentação. Mas o desgosto era visível em todos, e, em virtude dos fatos, resolvemos ir embora logo em seguida, e acabamos não prestigiando o Kiko Loureiro tocando com o Megadeth. Dentro de meu coração, quero guardar apenas a lembrança do Angra realizando um maravilhoso show naquela noite. Apenas isso. O restante, relato apenas como parte da história. Viva o rock 'n' roll!

Ano de 2009, ano de aniversário especial da Top Link — comemoraríamos 20 anos de puro suor e muita alegria. Quem diria que aquele cara que chegou a Londres com um grande sonho na bagagem estaria completando vinte anos de história ao longo da "Estrada da Música"? Sim, amigos, cuidado com aquilo que desejam, pois os desejos tornam-se realidade.

Com o Morbid Angel e o Simple Plan, iniciamos os trabalhos de um ano que seria marcante. O Simple Plan encontrava-se com vários hits tocando pelo mundo, e por onde passava obtinha grande prestígio. Com eles passei por uma situação embaraçosa em Recife, um dia antes da apresentação no Festival de Verão. Fui convidado pelos integrantes da banda a acompanhá-los à praia. No momento em que lá chegamos e eles começavam a curtir o clima ótimo, um grupo se aproximou e começou a manifestar-se de forma nada amigável. Pude ouvir um cara chamando a banda de "as meninas do Simple Plan". A princípio, achei que seria uma breve e equivocada manifestação, mas de repente as coisas ficaram mais quentes que o sol escaldante.

Tentando evitar o pior, me dirigi ao grupo de mal-educados para pedir um pouco de compreensão. Perguntei a eles, tentando descontrair, que banda eles apreciavam, e eles citaram bandas com as quais eu já havia trabalhado. Expliquei a eles que já havia empresariado essas bandas, e que inclusive eram minhas prediletas. Disse a eles que, apesar do gosto em comum, prezava a diversidade de estilos, e que sempre podemos agregar algo à nossa cultura musical. Gradativamente os ânimos foram se acalmando... mas nem tanto. Após alguns sorrisos amarelos, os manifestantes disseram que não partiriam para a agressão caso saíssemos imediatamente. Tentando manter a calma, se é que isso era possível naquele momento, já que os integrantes da banda estavam muito assustados, ajudei a recolher tudo, e deixamos a praia o mais rápido possível. Graças a Deus conseguimos sair de lá sãos e salvos.

A nossa próxima etapa daquele ano seria fazer alguns shows com o Inner Circle pela América Latina. Em meio às turnês, duas pessoas de minha família vieram a mim e me pediram que eu os ajudasse a promover alguns shows da banda. Meio incerto sobre se deveria fazê-lo ou não, já que às vezes se torna perigoso envolver negócios com família, acabei por concordar. Infelizmente, o final da história não foi bom. Houve prejuízos financeiros, e acabei sendo penalizado por isso. Até hoje sou tido como vilão por um deles, mesmo eu tendo alertado e prevenido. Definitivamente ficou uma lição para mim, e hoje sou extremamente resistente a misturar negócios com pessoas da minha intimidade.

Seguindo a estrada, em pleno abril víamo-nos pela primeira vez trabalhando com o glorioso Motörhead. Era uma mistura de alegria e ansiedade, afinal, estaria acompanhando um dos ícones do rock mundial. Não preciso dizer que a experiência foi surreal. Vivi tudo aquilo de forma intensa, mas também com muita cautela. Acionei um grupo de comandantes da aviação para que sempre transportassem e monitorassem a banda, a fim de que tudo pudesse ser o mais eficiente possível. Quando uma equipe viaja acompanhada por três toneladas de equipamentos, todo o auxílio é preciso, e nada melhor do que ter aliados dentro das companhias aéreas. Tudo isso acabou sendo positivo dentro da turnê latino-americana, que foi sucesso absoluto. Havia muito tempo o Motörhead não pisava em solo latino, e após essa sentida ausência, o público foi ao delírio em cada apresentação. É impressionante como a banda desperta uma paixão única, efervescência pura. Seguindo a agenda, estávamos novamente em Recife, onde ocorrera aquele caso isolado com o Simple Plan. O show do Motörhead foi memorável, e dessa vez não tivemos ocorrências negativas. Aliás, quem, em sã consciência, seria ousado o bastante para ofender o Motörhead? Provavelmente o autor do infortúnio seria advertido veementemente, para não dizer e nem pensar coisas piores. Roqueiros definem seus ídolos em meio à mais pura paixão.

Concluída essa penúltima etapa da maratona de shows, a banda se preparava para a última apresentação, que seria em

São Paulo, na saudosa casa de shows paulistana Via Funchal. O Motörhead saiu de Recife em um voo comercial rumo a São Paulo. Como eu não estava presente, contava com a colaboração de dois *tour managers* e de um grande aliado, o comandante da aeronave, meu amigo Alexey, que se propôs a manter-me informado sobre toda a situação do voo, fato extremamente importante, já que o show seria às 20 horas de domingo e o cronograma precisava ser cumprido perfeitamente. Lembrando que descarregar três toneladas de equipamentos e garantir que sejam entregues a tempo de fazer a passagem de som depende de muita eficiência e sorte.

Mas sorte foi algo que pareceu faltar naquele momento. A começar pela aterrissagem, que já fora complicada por detalhes técnicos. Mas o pior viria no momento em que o comandante Alexey descobriu a razão dos problemas na hora do pouso. Não irei me ater a questões técnicas sobre aviação, mas, pelo que entendi, a decolagem e a aterrissagem são feitas com base no peso contido na aeronave (passageiros, tripulação, carga...). Pois bem, era aí que residia o problema. Haviam calculado uma determinada carga, porém os números eram inferiores! Lembro-me, como se fosse hoje, do Alexey me ligando e dizendo:

— Paulo, você não vai acreditar! Os caras se esqueceram de carregar os equipamentos!

Parecia uma piada de mau gosto, mas não, os funcionários do aeroporto de Recife realmente haviam cometido essa falha, para o meu desespero. Como alguém consegue esquecer três toneladas de equipamentos de som? Pois esqueceram.

Um dos meus maiores tesouros são minhas amizades. Digo isso porque, no momento em que o caos poderia estabelecer-se, eis que surgiu uma boa alma para me auxiliar. Dessa vez o personagem salvador foi Hugo Amaro, filho de um dos proprietários da empresa aérea TAM. Graças aos céus, o Alexey entrou em contato com o Hugo, que tratou de acelerar o processo, já que não seria nada simples enviar os equipamentos no próximo voo. Existe uma série de situações para a liberação e o transporte. O fato é que conseguiram. Providenciaram o transporte do equipamento e, exatamente às 19 horas, eu os recebia no aeroporto de São Paulo.

Detalhe: o show do Motörhead estava programado para as 20 horas. Eu precisava garantir o espetáculo. A expectativa do público era gigantesca e não seria admitido o cancelamento. Liguei para um amigo chamado Evaldo Vasconcelos, diretor da Kiss FM, uma das principais rádios de São Paulo e do Brasil. Como eles possuem uma mídia fortíssima, pedi que avisassem ao público de que o show seria realizado às 22:30 horas. Assim, sob extrema pressão, correndo contra o tempo e contando mais uma vez com a bênção dos deuses do rock, conseguimos cumprir o objetivo. Montamos toda a estrutura necessária, e o show realizou-se de forma esplendorosa. Para um Via Funchal lotado, o Motörhead fez uma das melhores apresentações de sua história. Lembro-me também do grande papel que os técnicos de som tiveram, conseguindo operar em tempo curtíssimo um verdadeiro milagre, garantindo uma qualidade sonora poucas vezes apreciada.

O próximo passo seria pegar a estrada com o Sisters of Mercy. A lendária banda britânica retornaria ao Brasil após muitos anos. Além de realizar grandes shows pelo país, os ingleses fariam parte da celebração dos vinte anos gloriosos da Top Link. Em um dos espaços culturais mais importantes de São Paulo, o Manifesto Bar, de propriedade de um grande amigo meu, chamado Silvano, resolvi realizar um evento comemorativo aos vinte anos de história da Top Link. Foi uma festa privada de que fizeram parte amigos, músicos, atores, jornalistas, profissionais da mídia especializada em música e arte... Mais um momento importante em minha vida. É complexo expressar os meus sentimentos sobre esse fato. Prefiro apenas sorrir e deixar que esse sorriso se reflita de alguma forma nas páginas deste livro.

Quem ama a música, e a arte em geral, possivelmente saiba o que de forma metafórica estou tentando dizer. Em meio a tantas adversidades, perdas e frustrações, apenas visualizo as torres de minhas emoções e conquistas. Edifiquei de forma suntuosa meu castelo para que nada ofuscasse sua beleza. Resumindo, é maravilhoso poder fazer o que faço. Ao som do Sisters of Mercy, que brindou a todos com uma apresentação formidável, curtimos aquela noite de forma bem descontraída. Era possível ver no semblante dos convidados a alegria por celebrarem comigo aquela grande data.

As coisas naquele ano continuariam intensas. Basta dizer que tivemos a honra de trabalhar com um dos criadores do rock 'n' roll, um dos caras que compõem a santíssima trindade do rock: Jerry Lee Lewis. Emocionante, para não dizer inacreditável, passar dias acompanhando aquele monstro da música, fosse em voos, nos hotéis ou pelos palcos. Era assombroso. Era como uma jornada aos primórdios do rock, e eu me sentia afortunado. Lembro-me de uma multidão de jornalistas implorando por uma entrevista, mas Jerry Lee Lewis sempre foi conhecido por sua aversão a elas. Por ser uma celebridade polêmica, fugia de entrevistas, acredito que pelo simples fato de não ter de dar muita satisfação. Quem já assistiu ao filme Great Balls of Fire talvez tenha ideia do que quero dizer. Foi interessante ver que a Phoebe, filha de Jerry, fruto do polêmico relacionamento que teve com sua prima nos primórdios dos anos sessenta, também faria parte da *tour*.

É espantoso como aquele senhor de passos lentos, de olhar dócil, parecendo um avozinho querido, tinha em sua essência uma chama ainda intacta. Pude perceber isso nitidamente em três ocasiões. A primeira foi quando o vi subir ao palco e desferir seus característicos e furiosos golpes ao piano. Automaticamente me lembrei novamente do filme, na clássica cena em que Jerry põe fogo ao piano após tocar. A segunda evidência foi quando estávamos em Belo Horizonte num carro e nos dirigíamos ao local onde seria a apresentação. No trajeto, mergulhados em silêncio, seguíamos calados, até que percebi Jerry abaixando o vidro do carro para ver algo. Quando me dei conta, ele estava olhando para uma moça ao lado, na garupa de uma moto. Ele vira para mim e diz de forma marota:

— Que gostosa, não?

A terceira evidência foi quando ajudei uma famosa jornalista brasileira a arrancar uma gloriosa entrevista com Jerry Lee Lewis. Precisei fazer uma manobra gigantesca. Dei todas as dicas para que a jornalista conseguisse lugar ao lado de Jerry em um voo que seguia para a cidade de Porto Alegre. A moça, mostrando-se alheia a tudo, ostentando um decote chamativo, obteve magnífico êxito, a ponto de o próprio Jerry puxar assunto com ela. Numa cena digna de Oscar, presenciei a jornalista agindo de forma despretensiosa, mas, paralelamente, armava as peças perfeitamente no tabuleiro para um grande xeque-mate. Pois bem, para finalizar a história, vi o próprio Jerry Lee Lewis pedir à moça que o entrevistasse, e ela o fez com maestria. A veracidade disso tudo pode ser comprovada na internet. Digo mais uma vez: — Longa vida ao rock 'n' roll!

Encerrando o ano com chave de ouro, trouxemos a São Paulo um dos ícones que marcaram minha adolescência rebelde, o Twisted Sister. Essa fantástica banda embalou momentos marcantes de uma fase em que o sonho e a ousadia pulsavam intensamente em meu universo. Foram necessários anos de negociação até que eu pudesse trabalhar com eles. Foi apenas um show, no Via Funchal, numa noite quente na qual o Twisted Sister fez elevar ainda mais a temperatura. Foi um espetáculo que ficará marcado para sempre em minha memória, e na dos apaixonados fãs. Pisando em solo brasileiro pela primeira tez, o Twisted brindou a todos que lotaram a casa com os maiores clássicos da banda.

O clima e a energia eram tão fortes que o vocalista Dee Snider pediu desculpas ao extasiado público por ter demorado tanto para vir ao Brasil. Lembro-me de ter curtido aquela memorável noite como um verdadeiro fã. Até mesmo minha equilibrada porção profissional deu total espaço à paixão. Tudo fora minuciosamente programado para dar certo, para dar segurança e conforto a todos, e assim foi, a ponto de eu poder aproveitar bastante do espetáculo, mas sem jamais descuidar dos detalhes. Sentia-me tão feliz, que quase caí do balcão superior. Graças a um amigo, que segurou minha camiseta, pude ser salvo de uma queda considerável.

C'mon! What do you want? What do you want?
I want rock'n'roll, alright!
Long live rock'n'roll, oh yeah

Rock of ages, rock of ages
Still rollin', keep a-rollin'
Rock of ages, rock of ages
Still rollin', rock'n'rollin'
We got the power, got the glory
Just say you need it and if you need it
Say yeah!

Vamos lá! O que você quer? O que você quer?
Quero rock'n'roll, quero sim!
Vida longa ao rock'n'roll

O rock das eras, rock das eras
Ainda rolando, continua rolando
O rock das eras, rock das eras
Ainda rolando, fazendo rock'n'roll

Nós temos o poder, temos a glória
Diga que precisa e se precisar
Diga que sim!

Def Leppard — Rock of Ages

2010

Seguindo a mesma receita de sempre, o ano começaria e terminaria de forma intensa. Iniciamos o primeiro semestre com os americanos do Dream Theater e Iced Earth, seguidos pelos holandeses do Epica. Logo em seguida veio o Manowar. E que personagem esse Joey DeMaio, o dono da banda! A figura quis me conhecer, e acabamos nos encontrando no hotel onde estávamos hospedados. Era um salão reservado, em Buenos Aires. Lembro de que um assistente do vocalista me recepcionou à porta e me conduziu até uma mesa onde o excêntrico DeMaio estava. Vestido como um mafioso italiano, ele me recebeu de braços abertos, digno de um personagem saído do filme "The Godfather". Em italiano, perguntou como eu estava e disse que havia muito tempo queria me conhecer.

Mas por trás de toda aquela acalorada recepção, ele arquitetava um singelo golpe. Exigiu que eu adiantasse a ele o pagamento dos direitos autorais, o qual é devidamente pago somente ao final do show a um funcionário da associação SADAI, na nomenclatura da Argentina, equivalente ao ECAD no Brasil. O figurão queria tudo adiantado e em dinheiro, livre de impostos. Me ameaçou, dizendo que, caso eu não o fizesse, cancelaria o show. Dessa forma, depois de muita discussão, acabamos adiantando o dinheiro a ele, mesmo isso não sendo um procedimento correto. Assim ele resolveu fazer o show.

Não preciso dizer que me senti muito mal com a situação. O cara havia realmente me tirado da linha de equilíbrio. Eu estava inconformado com aquela atitude, pois já haviam me alertado de que aquele não era um procedimento habitual. Terminado o show, voltei correndo ao hotel onde Joey DeMaio estava hospedado e o esperei pacientemente. Com um champanhe na mesa e acompanhado por alguns amigos, recebemos alguns minutos depois o tão aguardado personagem. Pedi que ele se sentasse e ofereci champanhe. Ele brindou e bebeu sorridente, falou que estava feliz com a apresentação, e em seguida me perguntou como eu me sentia. Respondi que não estávamos muito satisfeitos, pois eu e os meus amigos nos sentíamos um tanto quanto desapontados. Perguntei ao Joey se ele iria embora no dia seguinte, e ele me respondeu que sim. Olhando fixamente e com um leve sorriso nos lábios, disse a ele que talvez isso não fosse possível, pois as pessoas que me haviam emprestado o dinheiro para pagá-lo — apontei as pessoas ao meu lado — possivelmente não o deixariam sair do país sem que antes fossem devolvidos os valores dos direitos autorais. Esses valores só deveriam ser pagos ao final de cada ano, e não da forma como ele havia exigido. Acho que os meus amigos foram bem convincentes quanto à gravidade dos fatos, pois imediatamente vi um desconcertado Joey devolver o dinheiro que havia recebido.

A próxima etapa do percurso seria com o Scorpions. Novamente estaríamos na estrada com os alemães, e chegando pela primeira vez a territórios nunca antes explorados, como por exemplo La Paz, na Bolívia. Esse show, além de inédito, teria uma série de particularidades. Nunca uma banda com esse porte se apresentara na cidade. O show seria no estádio Hernando Siles, que estaria completamente lotado, visto que os sessenta mil ingressos já estavam esgotados.

La Paz encontra-se a três mil e seiscentos metros de altitude. Somente quem já foi a um local como esse sabe exatamente o que quero dizer. Se é difícil a um estrangeiro comum, imaginem a esses alemães que têm por hábito conduzir os shows a um ritmo extremamente intenso, com performances de palco sempre a mil por hora.

Os detalhes iam muito além da adaptação pessoal. Era uma série de situações que precisávamos enfrentar, a começar pela chegada. Para aterrissar em La Paz, seria necessária uma manobra digna de filme de Hollywood. Presenciei a cena e posso confirmar. Carregada com cerca de oito toneladas de equipamentos, a aeronave, efetuando o procedimento de pouso, vai diretamente ao encontro das montanhas, e faltando apenas alguns metros para se chocar, faz uma curva assustadoramente intensa e logo em seguida efetua a aterrissagem. Sim, você para de respirar por alguns segundos e acaba evocando todos os deuses que a humanidade já conheceu. São segundos de tensão pura. As sete toneladas passam a dobrar, e o medo também. Foi sob fortes emoções que chegamos a La Paz. Alguns veículos já nos aguardavam na pista, mas para chegar até eles seriam necessárias mais algumas orações. A altitude fazia com que os olhos quase fossem arrancados, e o peito parecia pressionado por uma rocha de duas toneladas. Nunca fui a outro planeta, mas acho que a sensação possivelmente seria a mesma. Imediatamente pedi para que no hotel fossem providenciados cilindros de oxigênio a todos, algo vital naquele momento. Para quem visita La Paz, recomenda-se, além de tomar um remédio específico, beber também o chá da folha de coca, fundamental, eu diria, para controlar o mal-estar causado pela altitude. Ao contrário do que se possa pensar, as folhas de coca não estão diretamente relacionadas aos efeitos causados pela droga, a cocaína.

Com relação ao show, foi grandioso, apesar de todo o desgaste físico e psicológico. Os momentos que antecederam a apresentação foram certamente cansativos, principalmente pelos fatos que acabei de narrar. Outro detalhe foi o fato de que quase não havíamos dormido em virtude do barulho. O hotel, situado no centro da cidade, teve suas imediações tomadas por muitos fãs, que passaram a noite cantando e clamando por seus ídolos. Mas os problemas não pararam por aí. Minutos antes de subir ao palco, encontrei o Klaus passando muito mal. A altitude, o cansaço, a falta de sono geraram um desgaste físico intenso. Ele havia vomitado muito e chegou a pensar em cancelar a apresentação, mas com muita vontade e esforço conseguiu cumprir seu objetivo, e os fãs bolivianos presenciaram um grande espetáculo.

Chegava o momento de deixar a Bolívia, mas antes disso precisávamos resolver outra questão. Para a decolagem seria necessário que as oito toneladas de carga fossem divididas em três aeronaves diferentes. Levando em consideração todas as dificuldades técnicas de pousar e decolar no aeroporto de La Paz, tivemos de providenciar mais dois aviões. Feito isso, fomos até o aeroporto da cidade de Santa Cruz de La Sierra. Lá voltaríamos a concentrar toda a carga em um único avião, para depois seguirmos ao próximo destino, que seria o Brasil. De La Paz a Santa Cruz de La Sierra, dei carona a um tio meu chamado Rudy, grande fã do Scorpions, e que se sentiu imensamente feliz por acompanhar os seus ídolos e, de quebra, colocar o papo em dia comigo.

Já no Brasil, seguimos com a caravana do rock e obtivemos êxito em todas as cidades por que passamos, mas foi em Curitiba, justamente na nossa cidade, no dia 21 de setembro de 2010, que vivi um de meus piores pesadelos.

Tudo estava perfeito. A banda foi pela segunda vez à nossa casa, onde passamos uma noite agradável e descontraída. O problema foi no dia do show. Com todos os meus amigos e familiares reunidos para ver a apresentação, meu mundo veio abaixo. A expectativa era grande, um momento importante para mim, visto que, além de sermos responsáveis pela vinda do Scorpions à cidade, eu havia mobilizado muitas pessoas do nosso convívio para assistirem àquele show.

Mas, no início dele, dados os primeiros acordes, em meio ao delírio de milhares de fãs, eis que o som some por completo. As caixas acústicas voltadas ao público estavam completamente mudas. Somente o som do palco estava funcionando. Presume-se que a empresa contratada para fazer a parte audiovisual do show havia levado uma mesa de som com uma das placas queimadas. O fato é que o público passou o show todo sem ouvir praticamente nada do que se tocava no palco! Imagine milhares de pessoas ouvindo somente o som das caixas de retorno da banda. Era possível ouvir as pessoas falando ao redor e o diminuto som do palco parecia vir de algum lugar longínquo. Ao contrário dos responsáveis técnicos pelo evento, a banda foi incrivelmente profissional, já que não havia a menor possibilidade de seguir com o show. Se fosse em qualquer outra situação, eles teriam automaticamente parado. Só não o fizeram, segundo as palavras do Matthias, o guitarrista, por respeito à minha família.

* * *

"Lembro-me de ver o pânico tomar conta do Paulo. Infelizmente fui testemunha daquela trágica noite. Vi um mar de

decepção tomar conta do lugar. Percebia no olhar das pessoas uma frustração incrível. Era como se não acreditassem no que estava acontecendo. Pior foi ver no semblante do Paulo as expressões de tristeza e impotência estampadas. Queria ajudar de alguma forma, mas não havia o que fazer. Sei que nem mesmo as minhas palavras de apoio amenizaram a dor que ele sentia naquele momento. Menção honrosa ao Scorpions, que mesmo conscientes da gravidade dos fatos, continuaram firmes, levaram o show da melhor forma que podiam, numa atitude louvável e uma aula de respeito ao público."

* * *

Por razões óbvias, o show foi abreviado, e alguns dos maiores clássicos da banda, como "Wind of Change", foram podados da set list. Os heróis daquela noite foram os músicos e o público, que apesar de tudo permaneceu no local. Todos cumpriram o seu papel.

Isso me dá uma profunda raiva, relembrar daquele fatídico momento. Causa-me até hoje um profundo abatimento. Após esse momento triste, seguimos viagem rumo a Brasília, e depois São Luiz do Maranhão. Por lá tivemos um clima mais agradável, que em parte amenizou a frustração de todos. Em meio à natureza, conseguimos de certa forma esquecer um pouco da situação e nos divertir. Em belíssimas praias, realizamos lindos passeios, com direito a filantropia, quando levamos roupas a pessoas carentes que moravam em lugares afastados.

Ao término da turnê com o Scorpions, iniciamos os trabalhos com o Twisted Sister, e por ironia do destino, um dos shows foi em La Paz. Após a apresentação, os integrantes da banda me agradeceram pela oportunidade, e ao mesmo tempo juraram-me de morte por quase tê-los matado com os efeitos da altitude.

Seguindo adiante, passamos por Curitiba, onde meu amigo Kevan, proprietário de uma empresa especializada em treinamento tático para operações policiais, nos convidou a uma experiência explosiva em seu campo de treinamento. Em meio a tiros e explosões, pudemos sentir um pouco da adrenalina que nossos policiais enfrentam em seu dia a dia de trabalho. Claro que em nosso caso tudo foi feito com muita segurança. Após Curitiba, seguimos para mais algumas cidades, e concluímos a turnê com bastante sucesso.

Com o ano prestes a se encerrar, faltavam ainda algumas apresentações do Creedence. Particularmente, seria mais uma grande oportunidade para mim e para meus familiares. Gostávamos muito da banda, e sendo assim, uni o útil ao agradável, promovendo um show na nossa cidade. Convidei obviamente a nossa família e alguns amigos para o show, e dessa vez, graças a Deus, não tivemos nenhum problema. Com mais de vinte anos de dedicação ao mundo da música, vejo o show business como uma montanha-russa. O "tesão" da música é o nosso combustível. Ter estado tão próximo dos meus heróis, ter conhecido tantas pessoas interessantes, lugares incríveis e inimagináveis, ter vivido tantas alegrias e superado inúmeras dificuldades, tudo isso me faz acreditar que preciso aprender muito e viver ainda mais. Sem presunção, me sinto como parte de um livro de História, e quem sabe daqui a duzentos anos meus descendentes possam ver que de alguma forma fiz algo diferente na vida pelo simples fato de ter seguido meus sonhos.

É triste pensar que algumas pessoas desperdiçam seu tempo com futilidades, mesquinharias ou mesmo com estagnação completa. Respeito a todos, mas para mim o tempo é um bem precioso, cada segundo é de uma riqueza incalculável. Como é bom agir, ser útil de alguma forma, contribuir positivamente, fazer algo para o bem comum, para seus familiares.

Voltando um dia para casa com minha filha, dentro do carro, ouvi no rádio um belo rock clássico, e com um sorriso nos lábios e um brilho na alma, pensei sobre a influência que temos sobre nossos filhos ou sobre os mais íntimos ao nosso redor. Se for para deixar algo neste mundo, que seja algo bom, e sendo assim, no mínimo, deixarei minhas boas influências musicais. Em meio a esses pensamentos resolvi mandar fazer duas camisetas, uma para mim e outra para minha filha. Nelas estaria a seguinte frase: "Obrigado, Deus, por nos fazer filhos do rock".

Parece piegas ou exagerado? Pergunte a si mesmo. Quanto a mim, eu sei exatamente o que sinto. Eu escolhi ser uma pessoa com atitude, escolhi o rock, e o rock é atitude. E você, o que escolheu?

Can't you see that standing here
I got my back against the record machine?
I ain't the worst that you've seen
Can't you see what I mean?
Ah, might as well Jump (Jump!)

Might as well Jump
Go ahead and Jump (Jump!)!
Go ahead and Jump

Bem, você não consegue me ver aqui em pé
Com minhas costas contra a máquina de gravação?
Eu não sou o pior que você já viu
Você não entende o que eu quero dizer?
Ah, é melhor você pular (Pule!)

É melhor você pular
Vá em frente e pule (Pule!)!
Vá em frente e pule

Van Halen — Jump

2011

Para falar de atitude, nada melhor do que citar um fato no início do ano de 2011, em que trabalharíamos com a ex-vocalista da banda Nightwish, Tarja Turunen. Além da qualificação da vocalista, a felicidade maior de trabalhar com ela foi em virtude da superação que ela obteve em sua carreira. Após ter sido demitida do Nightwish, a vocalista deu a volta por cima, reuniu bons músicos e lançou um ótimo álbum. Os shows que fizemos no início daquele ano foram impecáveis, e de quebra nossa amizade cresceu ainda mais, fruto da união, do tempo na estrada e do grande trabalho que fizemos.

Uma banda pela qual sempre tive admiração e com que nunca havíamos trabalhado antes era o The Cult. Sempre foi meu desejo poder trabalhar com eles. Levando além disso em consideração o fato de que amo pegar a estrada com minha moto ouvindo a banda em alto e bom som, gosto de associar a liberdade da estrada com a amplitude que a melodia do Cult projeta. Sinto o coração bater mais forte e os olhos mirando tesouros e cores ocultos até então. Decidi que já era hora de trabalharmos juntos. Em virtude dessa convicção e com esse desejo, consegui marcar alguns shows do The Cult pela América

Latina. Acertei em cheio quanto à escolha. Os shows estavam lotados.

Foi incrível. A banda possui uma presença de palco marcante, sem contar a energia transmitida através das letras e da melodia. Foi um sucesso total. Ouvir Rain ao vivo foi uma experiência incrível. Eu me teletransportei para a estrada. Era tão surreal que parecia sentir o vento batendo em meu rosto. Conseguia até mesmo visualizar um prenúncio de chuva manifestando-se no horizonte.

Logo após essa maratona de shows, voltei pra casa, para alguns dias de descanso. Quando as coisas estavam ficando tranquilas em demasia, decidi fazer funcionar meu velho Jeep e cair na estrada. Liguei para meu amigo Emerson e perguntei se ele estava a fim de me acompanhar. Ele aceitou, com a condição de que voltássemos antes das 17 horas, pois ele teria um compromisso. Aceita a condição, escolhemos logo o destino — seria a belíssima estrada da Graciosa, localizada a alguns quilômetros de Curitiba.

Esse santuário verde está entre os melhores roteiros do mundo. A centenária estrada nos levaria a uma das cidades mais antigas do estado do Paraná, a histórica Morretes. Empolgadíssimos com a aventura, marcamos de nos encontrar em minha casa logo após o almoço. Precisávamos correr, pois o tempo era restrito e o dia estava quente e ensolarado, algo raro em Curitiba, cidade que chegou a bater o recorde de dias sem sol no ano, superando cidades como Nova Yorque, Berlim e Londres (o perfil da prefeitura nas redes sociais fez até piada, dizendo que no quesito dias nublados ganhamos de Londres, e agora só faltava aparecer um novo The Clash na terra das araucárias).

O primeiro desafio seria fazer funcionar o Jeep. Estava parado havia meses, e certamente não haveria a menor chance de ligá-lo. Após frustradas tentativas, resolvemos correr atrás de algum mecânico, algo que nos custou muito tempo. Era domingo e não havia muita opção. Finalmente, uma boa alma veio em nosso socorro e nos ajudou a ligar o possante. Atrasados, sujos e animados, finalmente caímos na estrada, e ao som de AC/DC, Van Halen, Nickelback e The Cult, partíamos rumo à Estrada da Graciosa. Correndo contra o tempo, porém contemplando a estonteante paisagem, já ao final da descida da serra decidimos abandonar a estrada principal e pegar uma estrada de chão que seguia em direção à mata fechada. Apesar das crateras, a sensação de liberdade e a paisagem eram deslumbrantes, e ficamos felizes pela escolha.

Diante de tantas coisas boas, acabamos por perder o horário. O Emerson precisava voltar até as 17 horas, e quando olhamos no relógio já passava das 16. Precisávamos chegar até a estrada principal e assim voltar a Curitiba. Lembro-me de ver o Emerson meio nervoso tentando ligar para avisar que iria se atrasar, mas não havia sinal algum no telefone. Estávamos no meio da Mata Atlântica, e além de tudo parecia que o sol havia resolvido se pôr antes da hora. Não havia o que fazer. Precisávamos relaxar, mesmo tendo a sensação de que andávamos sobre as crateras da lua. Foi quando avistamos um lindo pássaro acima de nós, sentado em um galho, e foi nesse exato momento que o pior aconteceu: o carro simplesmente parou. Tentei fazê-lo funcionar e nada, olhei para o meu amigo e vi que seus olhos estavam maiores que sua cabeça, tensão total em seu rosto.

***

"Perguntei ao Paulo o que estava acontecendo, e ele, aos risos, tentando disfarçar o pânico, me disse que havia esquecido que o marcador de combustível estava estragado. Sim, estávamos sem gasolina, no meio do nada, final da tarde de domingo. Lembrei muito dos livros de Stephen King naquele momento. Enquanto eu tentava raciocinar, escutei um barulho

de latinha de cerveja sendo aberta. Olhei para o lado e vi o Paulo dando um gole e me dizendo que, como eu conhecia bem a região, eu deveria tentar buscar socorro. Nesse momento tive vontade de chorar, mas não tinha escolha. Saí correndo pela estrada de chão e fui em busca de ajuda. Por sorte do destino, quando cheguei à estrada principal, já quase noite, encontrei um senhor que vinha pela estrada em um velho carro. O cidadão havia saído provavelmente de um bar. Estava visivelmente bêbado, porém este nobre bêbado seria nosso salvador. Ele me disse que tinha gasolina guardada em casa e que venderia para mim. Desconfiado, acreditando piamente que perderia um rim naquela noite, entrei no carro dele e fui até sua casa. Ele não só realmente tinha combustível, como ainda me levou até o carro onde, em meio à escuridão da mata, sozinho e assustado, encontrava-se meu nobre amigo Paulo. De certa forma me vinguei naquele momento, mas não escapei de terríveis broncas quando voltei a Curitiba, por volta das 21 horas."

* * *

Depois da aventura na Graciosa, já na segunda-feira, parti em direção a Santiago do Chile, local onde seria o primeiro show da turnê do Black Label Society. Seriam várias apresentações pela América Latina. Confesso que a primeira impressão que tive com eles foi péssima, e fiquei um tanto desapontado em presenciar certa soberba do grande Zakk Wylde (ex-guitarrista de Ozzy Osbourne) e de sua equipe técnica. Já na terceira apresentação, na cidade de São Paulo, cansado de ver alguns exageros, desisti de acompanhá-los, com o intuito de evitar maiores irritações. Eram tão mal-educados em suas atitudes que me sentia realmente incomodado de estar perto deles.

Com o tempo que tenho de estrada, percebo quando um artista tem dificuldades em despir-se de sua "personalidade pré-fabricada", uma imagem construída por eles mesmos ou pela mídia, e que muitas vezes não condiz com a realidade. Gostaria de saber como esses caras se comportam quando estão sozinhos em casa. Sem querer entrar no mérito técnico — Zakk, por exemplo, é um grande artista, extremamente talentoso, um dos melhores do mundo — mas a questão aqui é a postura, os degraus do altar em que esses astros sobem. Percebi em muitos artistas a dificuldade que cada um tem de entender a si próprio, seja como pessoa ou como artista. Ao mesmo tempo reconheço que é fácil criticar sem ao menos saber o que acontece. Todos temos um lado secreto, o Lado A e o Lado B, o *"dark side of the moon"*. A questão é quão tênue é a fronteira entre esses mundos, ou com que frequência os visitamos. É fácil perder a cabeça. A glória e a decadência andam lado a lado, a fama e a solidão podem tomar conta do seu universo numa simples mudança de vento. Vi muita ascensão e queda no meio musical. Sei o quanto é difícil manter-se em alta, sobrevoando os céus da fama. Talvez a culpa pelo comportamento politicamente incorreto, pela postura de roqueiro malvado, seja da mídia ou dos próprios fãs que, inconscientemente, criam uma redoma onde deixam aprisionados os seus amados ídolos.

Vale lembrar que a maioria dos artistas de rock hoje em dia se tornaram vegetarianos, falam em espiritualidade, preservam sua paz e sua privacidade. Enfim, a maioria dos artistas já não comunga mais daquele estereótipo de roqueiro malvado de antigamente. A fúria é expressada em notas musicais, em *riffs* fabulosos, em ajuda humanitária, e vejo isso simplesmente como uma evolução natural. Não vou entrar no mérito de dizer o que é certo ou errado, apenas digo que dentro do meu conceito, certas atitudes hoje em dia são completamente desnecessárias.

Passados os desconfortos do recente trabalho, iniciamos uma série de shows com o Buena Vista Social Club, em dez apresentações pela América Latina. Que alegria, que coisa fantástica poder trabalhar com essa galera maravilhosa!

2012

Blue Oyster Cult. Alguém já ouviu essa banda? Quis presentear-me com esse fabuloso show, e fiz questão de trazê-los simplesmente como um fã. Graças aos céus, às vezes tenho esse sagrado privilégio de trazer um artista, não pensando em lucro, mas em satisfazer a alma. Obviamente, minha sócia Deyse não gostou muito, já que ela não conhecia a banda e no final das contas a perda de dinheiro seria considerável. Ter tido esse show como uma medalha de honra valeu todo o esforço, o dinheiro e as broncas.

Após esse breve deleite, fomos ao encontro de um dos grandes mestres do blues, o genial Buddy Guy. Faríamos alguns shows pela América Latina, onde todos os ingressos já estavam vendidos, motivo de grande orgulho. Sensacional, na verdade, foi o fato de poder conhecê-lo pessoalmente, um cara extremamente simpático e educado, sem contar o talento, que dispensa maiores comentários. Fomos brindados com apresentações memoráveis. Buddy Guy e sua formidável banda deram uma verdadeira aula de blues e de rock.

Lembro-me de que, já no primeiro show, no Rio de Janeiro, o cara simplesmente desceu do palco, e em meio à plateia seguiu andando e tocando, ato que seria repetido nas seguintes apresentações. Fiquei espantado de ver a naturalidade e a grandeza com que Buddy realizava aquilo tudo em meio ao público. Sorte dos que presenciaram o espetáculo.

Na última apresentação, em Buenos Aires, no teatro Gran Rex, fiz questão de agradecer a ele pela turnê e lhe ofereci um brinde. De forma sorridente, como se não bastasse, fui presenteado simplesmente com uma guitarra! Sim, foi exatamente isso, ganhei do próprio Buddy Guy uma de suas guitarras mais famosas, uma Fender Stratocaster preta com bolinhas brancas. Foi um dos melhores presentes que já ganhei. Guardo até hoje em nossa casa. Está na parede da sala, como uma verdadeira relíquia.

Em março, no dia 18, comemorava meu aniversário de quarenta e dois anos ao som do Creedence. Em meio a mais uma extensa turnê, tive o privilégio de ser homenageado pela banda em pleno show. Mais um momento memorável, afinal de contas, quem não gostaria de ver o Creedence cantando "parabéns pra você"?

Essa apresentação foi no Rio de Janeiro, e logo em seguida iríamos a Buenos Aires. Por lá nos aguardava um amigo chamado Walter, uma querida figura que eu havia conhecido um ano antes. Walter é proprietário de um restaurante formidável chamado Urbano, no bairro de Palermo, lugar que acabou virando ponto obrigatório para todos os artistas que desembarcavam em Buenos Aires. Em virtude de eu sempre estar frequentando o lugar, acompanhando inúmeros músicos, acabei criando um vínculo com uma turma que também frequentava o local, um grupo de amigos chamado "Los Pikantes".

Uma das inúmeras características de Walter é o exagero (no bom sentido, é claro), e provo isso com um fato que ocorreu antes da apresentação do Creedence em Buenos Aires. Como forma de agradar a banda e a toda a equipe envolvida no show, Walter enviou ao Luna Park, local da apresentação, um caminhão repleto dos mais variados tipos de bebidas e comidas para todos os gostos. Era quantidade suficiente para alimentar os sete mil fãs que lotavam a casa. Acredito que os seguranças, assustados diante da quantidade de caixas, pensaram que se tratava de um ataque terrorista, e não permitiram que fossem levadas ao camarim da banda. Eles estavam irredutíveis. Pedi que alguém explicasse à equipe de segurança que aquilo era um presente do proprietário do restaurante Urbano, mas eles não cederam, não permitiram a entrada das caixas. Tive de apelar. Disse que sendo assim não haveria mais show, e eu colocaria a responsabilidade toda em cima da equipe de segurança. Sei que não foi legal o que fiz, porém foi a única forma de resolver aquela situação. No final, todos puderam comer e beber à vontade, e o show foi sensacional. Destaco apenas o tempo que o pessoal levou para recolher as bebidas e as comidas que sobraram. Foi mais rápido desmontar o palco do que levar de volta ao veículo toda a comida que havia sobrado.

Na sequência viriam as turnês do Misfits e do Anthrax, artilharia pesada e qualificada passando por várias cidades. Aproveitei e fiz com que as duas bandas dividissem o palco em algumas apresentações, um verdadeiro coquetel molotov. Foi uma alegria reunir duas bandas de estilos diferentes, meus amigos de longa data. Afinal, só com o Misfits trabalhei em mais de setenta shows. Conheci esses caras por volta de 2003, e de lá para cá foram inúmeras histórias, situações boas e outras nem tanto. Em uma dessas, na Cidade do México, o Misfits contava com a participação especialíssima de Marky Ramone na bateria, e a abertura do show seria com Dead Kennedys. As coisas ficaram quentes aquela noite, para não dizer infernais. Uma briga generalizada tomou conta da casa, fazendo com que o show parasse e os músicos tivessem de esconder-se. Alguns punks subiram ao palco e quebraram os instrumentos, outros tentavam guardar os pedaços do que sobrava como recordação. Em meio à fúria do quebra-quebra, alguns fãs tentavam entrar à força no camarim para roubar as baquetas do Marky.

Outra situação desagradável ocorreu dois dias após esse incidente. Tínhamos mais um show em Chihuahua. Os habitantes dessa cidade são uns dos mais simpáticos do México, mas ao mesmo tempo podem tornar-se agressivos quando algo não lhes agrada. Além do mais, possuem o hábito de resolver seus infortúnios na base da pistola. A cidade também é conhecida pelos cães de porte miniatura que levam o mesmo nome. A origem dessa raça de cães é bastante curiosa, já que uma das teorias é que eles tenham vindo da cultura asteca, na qual cada família possuía um animal desses como companhia, e quando um dos integrantes da família vinha a falecer, esses cães eram sacrificados e cremados junto aos seus donos. Outra peculiaridade é o fato de a cidade ter sido ponto importante na revolução mexicana, juntamente com o famoso Pancho Villa.

Pois bem, menciono esses pontos históricos apenas para que entendam o que vou dizer a seguir. Depois do tumultuado show na Cidade do México, eles foram para a cidade de Monterrey, onde, infelizmente, ocorreu outra confusão. Cansado das últimas situações extremas, Marky resolveu abandonar o barco. O problema é que ainda restava a apresentação em Chihuahua, onde todos aguardavam ansiosos. Eu estava na cidade, esperando, quando recebi a notícia de que eles não viriam mais. Ainda tentando pensar no que eu faria a respeito, fui visitado pelo promotor que havia contratado o show. De forma bem persuasiva, ele entrou no quarto do hotel onde eu estava hospedado, acompanhado por dois seguranças que pareciam saídos de um filme do Tarantino. Eles entraram no quarto e, enquanto girava a enorme pistola sobre a mesa, o singelo promotor me perguntou com uma calma assustadora:

— E o show? Está tudo certo?

Enquanto eu mirava aqueles grandes olhos e aquela gigantesca pistola, pensava em algo que me desse uma sobrevida, tipo "Super Mario". Tratei de sacar uma garrafa de tequila que estava em minha mala e bebi com ele, enquanto jurava que tudo daria certo. Já estava certo de que eu seria sacrificado, queimado vivo, sozinho, sem o Chihuahua.

Milagrosamente, o telefone do cara tocou e alguém do outro lado solicitou urgentemente sua presença. Talvez fosse outra sentença de morte que tinha prioridade. Ele saiu correndo e prometeu que voltaria em breve, deixando em minha companhia um de seus gigantescos seguranças. Enquanto eu rezava, meu monstruoso acompanhante precisou sair para comer algo. Foi a luz que eu esperava para a salvação. Tão logo ele saiu pela porta, catei tudo o que me pertencia e saí à velocidade da luz. Fui direto ao aeroporto e fugi para o mais longe possível. Deixei um cheque devolvendo todos os valores que eles haviam gastado, e quando eu já estava a uma distância mais segura, entrei em contato e justifiquei o injustificável. Mas, afinal, antes que ocorresse qualquer infortúnio, optei pela minha sobrevivência. Por incrível que pareça, somos amigos até hoje.

Voltando à trajetória de 2012, fechei alguns shows com a banda californiana Smash Mouth. Naquela oportunidade, em Curitiba, no festival Lupaluna, do meu amigo Hélio Pimentel Filho, o vocalista Chorão (falecido em 6 de março de 2013), da banda brasileira Charlie Brown Jr, pediu que eu o apresentasse aos californianos. Chorão disse que o Smash Mouth teve grande influência em sua carreira, servindo de inspiração para formar o Charlie Brown. Como as duas bandas tocariam no mesmo festival, tratei de apresentá-los, e ainda, para a satisfação completa de Chorão, eles acabariam dividindo o mesmo palco.

Mas as emoções não terminariam por ali, pois no dia seguinte o Smash Mouth tocaria em São Paulo, e Chorão havia sido convidado novamente a fazer uma participação especial no show.

No dia seguinte, no domingo, às 16 horas, meu telefone tocou, e para minha surpresa, era o Chorão. O vocalista estava bastante exaltado, indignado porque os seguranças do Via Funchal, local onde seria a apresentação, não permitiram a sua entrada. Fiquei surpreso, prometi que verificaria o que estava acontecendo e em seguida retornaria a ligação. Ao entrar em contato com a administração da casa, fui informado de que o Chorão estava em frente ao Via Funchal com o Charlie Brown Jr e um caminhão cheio de equipamentos. Eles disseram que fariam uma apresentação, porém isso não estava programado, e a casa não tinha permissão para tal. Tentei contornar, expliquei ao gerente que Chorão havia sido convidado pela banda Smash Mouth, que era um momento muito importante para o vocalista e que, se possível, gostaria que administrasse essa situação da melhor forma possível. O resultado final foi que o Charlie Brown Jr acabou fazendo um show de abertura inteiramente de graça, apenas para poder mostrar o seu trabalho aos seus ídolos. Mais uma vez temos um exemplo claro de quanto a paixão e a vontade são capazes de mover montanhas.

É uma pena que o Chorão, esse artista tão intenso e com tanta capacidade, tenha perdido a vida tempos depois. Foi uma grande perda para a música. Alguns dias antes de sua morte, conversei com ele sobre um grande projeto que ele gostaria de fazer, para o qual pedia o meu auxílio. Seria um álbum gravado em inglês, com a participação de vários astros internacionais. Infelizmente, todos os seus sonhos foram interrompidos de forma trágica.

No final de 2012, voltamos a trabalhar com o Scorpions em uma turnê bastante extensa. Começamos pelo México, depois seguimos para o Brasil, depois Bolívia, Santiago do Chile, Paraguai, e retornamos ao Brasil para finalizar a turnê.

A logística de uma jornada como essa é bastante complexa, com inúmeros detalhes que muitas vezes saem do controle, mesmo que você esteja bem preparado. Para essa nova turnê, a banda trouxe nove toneladas de equipamentos, e isso envolveu cuidados redobrados. Mas, mesmo com tudo metodicamente planejado e administrado, tivemos sérios problemas.

O primeiro show foi em Monterrey, e no dia seguinte a apresentação foi na Cidade do México. Dali seguimos rumo à cidade de Belo Horizonte, no Brasil. Enquanto nos preparávamos para a decolagem rumo ao Brasil, fomos informados de que, em virtude de problemas mecânicos, deveríamos mudar de aeronave. Aí começou o drama. Mudar de avião implica uma série de detalhes técnicos. Se levar em consideração que, além das bagagens dos passageiros de um voo comercial, haveria mais nove toneladas de equipamentos de som, as coisas tornam-se ainda mais problemáticas. O resultado foi que toda a bagagem de palco não seguiria viagem conosco e só seria transportada no dia seguinte. Além do fato de serem divididas em duas aeronaves distintas, pois já havia programações de voos estabelecidas, seria impossível transportar os equipamentos numa única aeronave.

Tínhamos três dias de margem para o show em Belo Horizonte. Os ingressos estavam esgotados, o que acentuava nossas expectativas. As coisas continuaram dando errado, e os equipamentos acabaram chegando somente no dia da apresentação. Em uma tentativa desesperada de salvar o compromisso, mobilizamos um exército de pessoas para colocar tudo em um caminhão e levar do aeroporto de Belo Horizonte direto para a casa de shows. No trajeto, o pneu do caminhão furou e vimos nossos esforços irem por água abaixo. Ainda por cima, como tudo foi em cima da hora, não foi possível avisar sobre o cancelamento ao público que já se concentrava nas imediações do local do show. Senti-me inconformado, e tentando ainda uma solução, arrisquei levar a apresentação para o dia seguinte, embora isso fosse interferir diretamente em nossa programação, e consequentemente outro show sofreria o risco de ser cancelado. Mobilizei ainda mais pessoas e contei com todo o auxílio possível, inclusive com fervorosas preces. Dessa forma, consegui atingir o nosso objetivo, e o público de Belo Horizonte pôde assistir ao show do Scorpions.

Mas os problemas só foram protelados. Nosso calendário tornava-se ainda mais curto, o cansaço da banda e da equipe aumentavam consideravelmente, e os custos passaram a triplicar, visto que foi necessário alugar um avião particular para transportar a banda e sua equipe técnica, e providenciar outro para transportar as nove toneladas de equipamentos.

Sim, senhoras e senhores, alugar dois aviões, de uma hora para a outra. Simples, não? Na verdade, uma tarefa das mais complexas possíveis, levando em conta que seria necessário tirar uma aeronave de rota, além de buscar um comandante que estivesse disponível. Mudaríamos toda a programação de voos estabelecidos. Dessa forma, completamente esgotados, administrando os milésimos de segundo, completamos os compromissos em Santa Cruz de La Sierra, na Bolívia, e em Santiago, no Chile. Em Assunção, no Paraguai, tivemos algumas preciosas horas de descanso momentos antes do show. Lembro-me de que sentamos ao sol, vislumbrando o azul do céu, ao lado da piscina do hotel, e conversamos sobre toda a intensidade daquela verdadeira odisseia.

Mas ainda não haveria trégua. Aquele céu azul foi coberto por nuvens escuras, e em seguida vieram raios, trovões, e por fim um dilúvio bíblico. O caos se instalou sobre Assunção. A tempestade acabou causando, além de estragos físicos, quatro mortes. Inúmeras árvores haviam caído, e quase toda a cidade, além de intransitável, continha inúmeros pontos sem iluminação. Quem não acredita pode pesquisar.

Obviamente não havia a mínima possibilidade de realizar o show. Até tentamos. A banda estava começando a apresentação, porém, no primeiro acorde, percebi que o palco estava completamente alagado, e verdadeiras cascatas caíam sobre os equipamentos. Avaliando toda a situação, decidi que deveríamos deixar rapidamente o palco. Não poderia colocar em risco a segurança dos músicos e de toda a equipe.

Saímos em comboio rumo ao hotel, e quando lá chegamos o panorama não era nada animador. Parecia que o saguão do hotel havia sofrido um ataque terrorista. O teto tinha vindo abaixo e a água ainda escorria pelas paredes. Tudo quase hollywoodiano, porém tragicamente verídico. Não havia energia elétrica, e consequentemente os elevadores não estavam funcionando. Tivemos de subir pelas escadas, cansados e carregando pesadas bagagens.

Daí por diante as coisas ficariam cada vez mais tensas. Várias pessoas entraram em contato conosco tentando nos convencer a tocar, porém a persuasão acabou se transformando em ameaças, e o clima definitivamente ficou pesado. Passamos a madrugada em negociações, e quando era por volta das oito horas da manhã, recebi a ligação do assessor do presidente do Paraguai, pedindo para que fizéssemos o show ao final do dia. Não tinha como pedir isso à banda. O cansaço acumulado não permitiria qualquer tipo de esforço extra. Eles já haviam feito muito, e músicos e equipe técnica encontravam-se esgotados física e mentalmente.

Percebendo que a situação só iria se complicar, fechei a conta e levei todos o mais rápido possível ao aeroporto. Senti-me aliviado somente quando o avião decolou rumo ao Brasil para as duas últimas apresentações da turnê.

Analisando todas essas passagens, não posso deixar de agradecer ao Scorpions e à sua brava equipe técnica, e aos meus fiéis assistentes, que deram sangue, e sobretudo aos comandantes Alexey, Boyd, Brito e Hugo Amaro, por mais uma vez colaborarem de forma ímpar, realizando um verdadeiro milagre para me socorrer. Apesar de toda a minha experiência e o meu profissionalismo, confesso que muitas vezes não faria meu trabalho se não fossem essas pessoas maravilhosas que me cercam. Sou grato a Deus e também à minha boa sorte.

Ao final de toda essa epopeia, restou-me um profundo cansaço, além do desgaste emocional. Nem mesmo a festa de encerramento da turnê do Scorpions amenizou a carga que se abatia sobre mim. As inúmeras divergências com Peter Amend fizeram com que eu tomasse a decisão de nunca mais trabalhar com o Scorpions, mesmo amando a todos e sendo grato por toda a trajetória juntos. Mas não queria mais me desgastar tão intensamente. Nem mesmo o maravilhoso presente que recebi, uma fivela de cinto personalizada com a logo da banda, toda em ouro branco e detalhes em rubis, me fez repensar. Foi uma honra ter recebido tal presente, visto que apenas os integrantes da banda ostentavam tal adorno.

Porém, um ciclo se encerrava. Iriam permanecer o carinho e a gratidão, porém minha presença junto à banda seria apenas como fã. Algum tempo depois, confesso que me senti tentado a retomar o trabalho junto com eles. Natural, tratava-se de um dos ídolos que marcaram minha vida. Trabalhar com o Scorpions representava a concretização de um sonho, simbolizava o poder do desejo, da conquista, representava a consagração. Mas mesmo bombardeados por inúmeras tentações, conseguimos manter apenas as boas lembranças e a amizade. *"Rocking all my dreams."*

Sonhos, sim, eles são o combustível da vida, acredito eu. A paixão e o sonho podem te conduzir a patamares jamais imaginados. Digo tudo isso porque finalizaríamos o ano de 2012 saboreando um desses frutos sagrados que a vida e o sonho proporcionam.

O Marillion, como já havia citado anteriormente, fez parte de momentos decisivos de minha vida. Foi trilha sonora e também oportunidade verdadeira de trabalho, sonho e realidade, desejo e o pão sobre minha mesa. Agora, mais uma vez, eu estava caindo na estrada com uma de minhas bandas prediletas. A turnê daquele ano percorreu toda a América Latina e levou fantásticas performances aos palcos.

Um ponto importante e de grande orgulho para mim naquela turnê com o Marillion foi o fato de eles terem pedido para que eu montasse a set list. Nem preciso dizer o tamanho de minha alegria. Imagine que uma de suas bandas favoritas chega e pede que você escolha a set list da nova turnê. Sim, exclusivamente você! Dessa forma, escolhi todas as minhas músicas favoritas e passei a eles. Claro, usei de bom senso. Tentei não ser tão egoísta quanto eu gostaria, mas mesmo pensando no bem comum, selecionei as minhas prediletas, aquelas vindas do fundo do coração.

Foi um prazer gigantesco ter trabalhado mais uma vez com essas pessoas incríveis. Os integrantes do Marillion, além de talentosos, são seres humanos fantásticos e humildes, conforme demonstrado por essa extraordinária oportunidade que me deram de escolher a sua set list. São grandiosos também pela educação e pela simpatia com que tratam a todos, independentemente da posição que ocupam.

2013

Como sempre, em meio ao descanso, principalmente quando estou no litoral, sou bombardeado por ideias. Literalmente me banho de inspiração. O mar, a areia e o clima de praia são fundamentais para minha saúde física e mental, e por esse filtro poderosíssimo, as ideias fluem livremente.

Foi num clima como esse que eu pensava em duas coisas importantes. Uma seria inventar algo para comemorar o aniversário de 25 anos da Top Link. Outra, o pensamento que martelava mais forte em minha cabeça naquele momento, era o de juntar a banda Shaman novamente. Pensava em reformulá-la e trazê-la para a mídia. Era um misto de teimosia e admiração. Do mesmo lugar de onde eu estava, resolvi tornar o pensamento em ação, e enviei uma mensagem ao Ricardo Confessori, que, por mistérios da vida (acredito que não exista acaso), respondeu-me dizendo que estava próximo a mim, exatamente na mesma praia, em Santa Catarina. Feliz pela surpresa, sugeri a ele que nos encontrássemos para colocar as novidades em dia.

Horas depois, estávamos conversando sobre uma infinidade de coisas. Logo aproveitei a oportunidade e falei sobre meu desejo de trazer o Shaman novamente à ativa. Ele me respondeu de imediato que isso não seria possível, não apenas por ele, mas pelos demais integrantes da banda, que provavelmente não aceitariam a ideia.

Diante disso, pensei em como muitos artistas sonham em chegar à constelação, tornar-se uma estrela, a mais intensa, a mais apreciada, porém, quando alcançam esse sonho, conseguem apagar sua própria luz. Imagino que seja por não conseguirem administrar toda uma situação, ou por ter ocorrido alguma fatalidade. Essa complexa forma de se perder ao longo do caminho é inerente à raça humana, porém muito mais ampla no que se refere ao artista. Tento não julgá-los, por não saber os reais motivos que os levam a ofuscar-se e fecharem suas próprias portas.

Enfim, reflexões à parte, naquele instante em que me senti frustrado pela recusa do Ricardo, fui agraciado com outra maravilhosa oportunidade, mesmo sem classificá-la assim naquele momento. Simultaneamente, ao dizer que o Shaman não retornaria, ele me informou de que o Angra, banda da qual ele fazia parte, estava precisando de um empresário. Sugeriu-me que falasse com eles a respeito e me candidatasse.

De início descartei a possibilidade, pois os músicos do Angra, apesar do talento, eram de difícil trato. Digamos que não eram muito flexíveis. Seria um tanto quanto complexo desenvolver um trabalho com eles, pois eu buscava o oposto, algo que me permitisse atuar de forma mais efetiva. Buscava uma situação em que eu pudesse expor melhor as minhas ideias, e consequentemente desenvolver uma estratégia de trabalho mais elaborada. Queria colocar em prática minha criatividade e explorar melhor meu conhecimento e minha extensa lista de contatos.

Encerramos aquele encontro naquela tarde e um gosto amargo permaneceu em minha boca, uma sensação de ter saboreado algo que não era o esperado, uma frustração, já que o objetivo era a volta do Shaman. Um tempo depois, enquanto ainda tentava digerir aquela coisa amarga, recebi uma ligação do Kiko Loureiro, solicitando que eu me reunisse com ele e os demais integrantes do Angra para uma conversa. Aceitei o convite e acabamos nos reunindo, na verdade por três vezes, e em todos os encontros discutimos por muitas horas a possibilidade de juntarmos nossas forças. Por fim, quando percebi um interesse real por parte deles e um efetivo convite surgiu, tratei de esclarecer que eu trabalharia com eles sob uma condição, a de que eu tivesse liberdade para manifestar e executar minhas ideias e opiniões, dentro de um bom senso, é claro. Óbvio que não faria com que o Angra passasse a tocar merengue, por exemplo. Como já deixei claro, era apenas o desejo de fazer o melhor dentro daquilo que eu acreditava. Esses pontos foram aceitos pela banda, e felizmente acabava de tornar-me o novo empresário do Angra.

Sendo assim, tratei de elaborar rapidamente um plano de atuação. Montei cada detalhe do que seria nosso trabalho dali por diante. Dentre muitos pontos a serem executados e explorados, estava a terceira edição do Live'n'Louder, agora em formato menor, um evento mais fácil de administrar, contando somente com bandas amigas, músicos que não exigiriam naquele momento maior complexidade quanto à sua contratação. Rapidamente montei o festival. Nele estariam presentes as bandas Twisted Sister, Molly Hatchet, Sodom, Metal Church, Loudness e o Angra. O evento foi em São Paulo, no Espaço das Américas, e felizmente tudo aconteceu de forma tranquila.

Essa edição do Live'n'Louder, no fundo, tinha como propósito, além de alegrar os fãs, é claro, dar um pontapé inicial à nova fase do Angra. Uma foto nossa foi tirada em meio ao festival, e ao término dele eu era anunciado oficialmente como o novo empresário da banda.

Mais um novo desafio instalava-se em minha trajetória profissional. Eu tinha a felicidade de me tornar empresário de uma das bandas mais admiradas do Brasil e do mundo. Todos nós tínhamos um compromisso, fazer com que as coisas melhorassem em vários aspectos, e deveríamos chegar a lugares nunca antes explorados. O Angra passaria a um novo status, obviamente, sempre mantendo o mais precioso de tudo, a qualidade e a essência de sua música. Tudo o que eu havia aprendido com os grandes astros do rock seria passado a eles com o intuito de agregar: o visual, a estrutura, a presença de palco, cada detalhe foi minuciosamente estudado e aplicado.

Conscientes da importância dessa nova fase, saímos pela estrada com a turnê comemorativa dos 20 anos do fantástico álbum Angels Cry, lançado em 1993. Com Fabio Lione (vocalista da banda Rhapsody of Fire) nos vocais, o Angra apresentava gradativamente o que seria sua nova fase. No palco, os posicionamentos, assim como as performances, eram trabalhados passo a passo, e a cada show as coisas evoluíam significativamente. A coroação viria com o DVD intitulado Angels Cry 20th Anniversary Tour, gravado numa apresentação em São Paulo no dia 25 de agosto daquele mesmo ano. Esse show contou com várias participações especiais, como Tarja Turunen, Uli Jon Roth (ex-Scorpions), Família Lima e Amilcar Christófaro (Torture Squad). A produção envolvida naquela gravação foi algo jamais visto em uma apresentação do Angra, realmente um show audiovisual de grande qualidade. Pode parecer besteira, mas pequenos detalhes no palco fazem grande diferença dentro de um contexto.

De alguns anos para cá, devido principalmente à evolução tecnológica, a velocidade da informação, aos inúmeros entretenimentos e aos milhares de artistas que vêm surgindo a cada dia, prender a atenção das pessoas tornou-se uma árdua tarefa. Portanto, a produção de palco, a movimentação e a postura de um artista, seja em um show ou mesmo em seu cotidiano, tornaram-se especiais, muito além do que já eram. Em um show, por exemplo, enquanto um guitarrista desfere um grande solo ou relembra um marcante *riff*, uma infinidade de celulares registram aquelas imagens. Sim, milhares de telefones, algo surreal e digno de gargalhadas se contássemos isso a alguém lá na década de oitenta, por exemplo. Uma imagem registrada num show é rapidamente compartilhada, e de alguma forma auxilia na divulgação do artista e de sua banda. Por mais irônico que pareça, a pessoa deixa de prestar atenção ao show, porém presta um serviço divulgando um trabalho, uma cena, um momento. Céus! Isso é por demais complexo e polêmico. Deixo a cargo de cada um tirar suas próprias conclusões ou proferir seu mais profundo palavrão.

Como já mencionei, minha vida é um turbilhão de tarefas e obrigações, tudo frenético, tanto em minha vida pessoal como no escritório da Top Link Music. Além do projeto que eu iniciava com o Angra, uma avalanche de shows cobria a América Latina. Eram compromissos que já haviam sido agendados, portanto, precisávamos cumpri-los todos, faziam parte do trabalho.

Uma das grandes turnês daquele ano foi com uma de minhas bandas prediletas, o Foreigner. Foi mais uma realização pessoal poder trabalhar com essa grande banda. A turnê latino-americana foi um misto de felicidade e frustração, pois todas as cidades tiveram uma grande participação do público, exceto no Brasil. O show de São Paulo teve apenas quatrocentas pessoas, foi o pior resultado que havíamos tido nos últimos vinte anos de atividade profissional. E não foi apenas decepção — o prejuízo financeiro também foi acentuado. Mas a frustração não apagou a magia de fã. Em cada uma das apresentações, mesmo na de São Paulo, sentia meu coração bater mais forte. Por muitas vezes meus olhos se fechavam e o passado voltava de forma vívida. Nítidas e reais eram as imagens de quando eu tinha doze anos e estava indo ao cinema numa tarde de domingo, em Guadalajara. Descíamos do ônibus, meu amigo Juan Carlos e eu. Estávamos distraídos pensando sobre qual filme iríamos ver, quando um Mustang vermelho passa à nossa frente. Dentro dele, um sorridente casal ouvia a música Urgent, do Foreigner. Assistimos àquela cena com os olhos em chamas, e após eles passarem por nós eu disse ao meu amigo:

— Um dia seremos afortunados como esse cara, com a diferença de que, além de termos um belo carro e uma bela mulher, o Foreigner estará tocando ao vivo em nossa festa!

Tentei administrar toda a avalanche de compromissos. Eram situações simultâneas, exigindo decisões e esforços gigantescos. Havíamos assumido inúmeros compromissos, e estava disposto a cumpri-los todos. Porém, às vésperas de iniciar os trabalhos com o grande músico jamaicano Ziggy Marley, decidi voltar para casa e não participar da turnê, mesmo o admirando muito. Assinaria meu atestado de óbito se não saísse de tudo aquilo. Até tentei permanecer envolvido e seguindo as apresentações, mas quando a equipe do jamaicano passou a fazer demasiadas exigências, me senti atropelado por um bode gigantesco e quase surtei. Antes que o pior acontecesse, deixei minha equipe cuidando dos detalhes e saí para focar em outro trabalho. Já tinha muitos problemas a resolver, sem contar mais um rombo financeiro que a turnê estava gerando. A teimosia me custou bem caro, e não foi por falta de aviso, já que a Deyse, como sócia, já me havia alertado das possíveis dificuldades que enfrentaríamos.

Com vistas a seguir com o próximo trabalho, precisamos voltar todas as atenções às finanças. Alguns percalços e algumas singelas empolgações fizeram a nossa conta entrar no vermelho, e precisamos nos desfazer de dois imóveis para nos capitalizarmos novamente. Já tínhamos investido muito dinheiro na próxima turnê latino-americana, que seria com o Yes, e não havia muito tempo a perder. Com referência a essa turnê, destaco que todas as apresentações foram impecáveis, e graças a Deus as bilheterias foram satisfatórias, trazendo pelo menos um pouco de alívio para o rombo financeiro.

Um ponto curioso em relação ao meu trabalho com o Yes foi a difícil tarefa de receber um sorriso de Steve Howe, e olhe que me esforcei muito para isso. A consagração veio apenas no último show da turnê e aconteceu de forma inesperada. Estávamos confraternizando no restaurante Urbano, na Argentina, quando Steve Howe veio até mim, sorriu e me agradeceu. Minha reação foi de curiosidade. Fiquei surpreso, pois após trinta dias convivendo juntos, foi a primeira vez que ele se dirigiu a mim.

O próximo trabalho seria com os Ex-Scorpions, um grupo formado por ex-integrantes que participaram em distintos momentos da banda, e que após anos de separação se haviam reunido novamente para lançar um DVD e cair na estrada para a divulgação desse trabalho.

Essa turnê, especificamente a que eu acompanharia, iria estender-se por toda a América Latina. Os Ex-Scorpions eram formados pelos músicos Francis Buchholz (baixista), Uli Jon Roth (grande guitarrista que teve como inspiração para sua carreira o lendário Jimi Hendrix. A inspiração foi tanta que acabou mais tarde casando-se com a mulher de Hendrix), Michael Schenker (guitarrista e irmão de Rudolf Schenker, do Scorpions), Herman Rarebell (baterista e um dos grandes compositores do Scorpions), e Doogie White (vocalista que já trabalhou com Rainbow e Yngwie Malmsteen).

Mais uma vez seria um privilégio poder trabalhar com músicos excepcionais como esses, porém eu sabia que a tarefa seria um tanto quanto delicada. Estaria lidando com egos inflados, principalmente no que se referia a Michael Schenker, um grande guitarrista que colecionava inúmeros conflitos ao longo de sua carreira. Árdua tarefa, administrar as vaidades e os egos. Colocar juntos no palco Michael Schenker e Uli Jon Roth era prenúncio de espetáculo e tempestade.

Confesso que eu fui um dos culpados por essa união dos Ex-Scorpions. Eu havia estimulado essa junção muitos anos antes, e agora eu tinha um privilégio e ao mesmo tempo a difícil missão de administrar a turnê latino-americana. E assim foi, basicamente tensão o tempo todo. Porém, a gota d'água foi no show de São Paulo. No momento do bis, quando parecia que terminaria bem, enquanto Jon Roth brindava a todos com um maravilhoso solo, Michael Schenker simplesmente abandonou o palco, sabem-se lá os motivos, acredito que pelos mesmos que citei há pouco, vaidade e ego exacerbados.

O pior de tudo era que as melhores músicas viriam a partir daquele momento. Os fãs aguardavam aquelas músicas, e seria quase uma heresia não tocá-las. Porém, infelizmente foi o que acabou acontecendo, e a frustração dominou a todos.

No meu caso, o que me dominou por completo foi a fúria. Perdi todo o equilíbrio que ostentava, minha ponderação foi por terra e corri diretamente ao camarim onde o Michael estava. Lembro que parecia um touro enfurecido. Quando lá cheguei, encontrei a porta trancada. Automaticamente chutei-a e entrei gritando como louco. Perguntei qual era o problema dele, e ele me respondeu que o show já havia acabado. Falei, ou melhor, gritei dizendo que faltavam ainda quatro músicas, e não contente, falei:

— *You're a fucking asshole!*

Queiram perdoar o termo chulo, nobres leitores, porém as desculpas vão somente a vocês, não a Michael Schenker.

Não nego que o cara é um gênio da guitarra, nem quero entrar nesse mérito. Mas existem limites, e ele os ultrapassou em muito. Também não me isento de culpa. De certa forma, como já falei, eu fui um dos responsáveis por juntar aqueles músicos novamente. No entanto, certas coisas não se justificam.

O profissionalismo deve preceder o ego, por mais complexo que isso seja. Perfeitos não somos e nunca seremos, longe disso, aliás. Mas o mínimo de bom senso se faz necessário. Tive de tentar digerir tudo aquilo e ainda pagar a conta da porta que eu havia quebrado. Pelo menos me fizeram um desconto, já que a gerência do Tom Brasil (local da apresentação) entendeu que eu tinha certa razão. Enfim, coisas da vida.

Tentando virar a página, logo em seguida assumimos mais um compromisso, agora com o B-52s (a antiga grafia do nome The B-52's foi alterada em 2008). Os integrantes, Kate Pierson, Cindy Wilson e Fred Schneider vieram acompanhados por mais quatro competentes músicos e fizeram primorosas atuações durante aquela turnê. Foi compensador trazê-los. Todos os shows foram carregados de um alto astral fantástico. Os grandes sucessos da banda foram tocados de forma perfeita, levando o público ao delírio. O clima de nostalgia associado à descontração foi um dos pontos fortes. Basta dizer que a banda, através de seu estilo e talento, marcou de forma contundente toda uma geração, principalmente pelas roupas, pelos cabelos e pela levada dançante das músicas. Posso dizer que a turnê foi carregada de pura diversão. Estar junto da talentosíssima Kate Pierson dispensa comentários. Reafirmo que ter trabalhado com eles naquele momento trouxe um pouco de conforto. O histórico de 2013 havia sido um tanto ruim na questão financeira, e terminar o ano com o B-52s ajudou no mínimo a equilibrar as emoções.

Ao término das memórias de 2013, não poderia deixar de relembrar de uma aventura ocorrida na Inglaterra. Sempre que posso, tenho por hábito percorrer anualmente alguns festivais do mundo afora, em busca de novas possibilidades de trabalho, conhecer novas bandas, e rever algumas que infelizmente o tempo acaba nos afastando de um convívio mais próximo. O roteiro nesse ano foi o Download Festival, em Donington Park, tradicional evento que reúne o que existe de melhor no rock mundial. Nessa ocasião, estava acompanhado de meus amigos brasileiros. Vínhamos da França, o Rodrigo, o Marvin e eu. Tínhamos assistido ao grande festival Hellfest, e logo depois seguiríamos rumo a Londres, onde nos encontraríamos com o Emerson.

* * *

"Nunca havia viajado para fora do país, e quando descobri que o Paulo estaria na Inglaterra para assistir ao Festival Download, decidi que seria a hora de realizar meu grande sonho, conhecer Londres. Manifestei meu desejo, e o Paulo, feliz pela minha decisão, já que sempre fora um de meus grandes incentivadores, informou-me de que eu teria um ingresso grátis para assistir ao Download. Estava sacramentado. Em poucos dias tirei meu passaporte, comprei as passagens, fiz a reserva em um hotel, arrumei as malas e parti rumo à glória. Quando me dei conta, já estava em pleno voo em direção à Inglaterra. Cheguei ao aeroporto de Heathrow às onze da manhã. Com o coração acelerado, minha primeira reação foi a de entrar em um pub dentro do aeroporto e beber uma típica cerveja inglesa.

A emoção era gigantesca, porém havia certa aflição. Precisava encontrar o Paulo e seus amigos, que supostamente estariam saindo do Charles de Gaulle, na França, e me encontrariam no mesmo aeroporto em que eu estava. Pelos meus cálculos, seriam duas horas de espera. Mas, por email, fui informado de que o voo deles atrasaria em virtude de uma greve dos funcionários do aeroporto. A alegria deu lugar ao pânico. Tentando refletir, depois de ter tomado cinco cervejas, decidi que iria direto para o hotel. Não sabia o que fazer. Pensei que, tratando-se de uma greve, possivelmente não houvesse mais voos naquele dia.

Tomado de coragem pós-cerveja, e munido de um mapa, um papel com o endereço do hotel e sem falar inglês fluente, parti rumo ao meu objetivo. Tentei me acalmar e curtir o que via através da janela. Pensava no que era mais importante: estava chegando a Londres, e prestes a realizar meu sonho. Em minha cabeça, tudo seria fácil. Só não contava com o labirinto que é o metrô de Londres, nem com o tamanho real da cidade. Já era noite e eu andava de um lado pro outro, completamente perdido. Existiam dois hotéis com o mesmo nome, mas com endereços distintos. Quando já passava das sete horas da noite, eis que consigo achar meu hotel. Já estabelecido, tentava manter a calma, visto que seria só enviar um email ao Paulo no dia seguinte, passando as coordenadas, e tudo se resolveria.

Sendo assim, precisando me acalmar, saí do hotel, não tão longe para não me perder, e entrei em um belo pub. Precisava beber algo novamente — o dia havia sido repleto de fortes emoções. Um pouco mais calmo, começo a realmente vislumbrar a beleza da cidade. Olhei o British Museum à frente e comecei a sorrir. Impossível não absorver a energia que aquela cidade reflete.

Voltando ao hotel, um milagre. A recepcionista estava ao telefone com o Rodrigo, amigo do Paulo, e quando a moça me viu entrando, me chamou rapidamente. Foi um alívio extremo. Não me lembrava de que eu havia passado o endereço do hotel antes de sairmos do Brasil. Queria naquela hora voltar ao pub e beber mais em comemoração. Porém, no dia seguinte haveria mais tempo para isso. Precisava descansar, encontraria o Paulo pela manhã, e nada poderia falhar. Mas falhou. A adrenalina era tanta que eu não conseguia dormir. Ainda à noite, me virando de um lado para o outro na cama, lembrei-me de que minha irmã me havia dado dois comprimidos para dormir. Um eu já havia tomado no voo, quando saí do Brasil, porém não fizera efeito. Agora, precisando realmente apagar, resolvi tomar outro — quem sabe agora desse resultado? Dormi o sono dos anjos.

Acordei com o barulho de alguém que espancava minha porta. Era a dona do hotel. Ela provavelmente achava que eu me suicidara, pois já passava das quinze horas e eu não havia me manifestado! Para minha sorte, consegui encontrá-los ao final da tarde daquele dia, e, ao som de uma gaita de foles, em pleno Piccadilly Circus, escuto o Paulo me dizendo: Seja bem-vindo! Você está em Londres, Garotinho!"

* * *

Com todos devidamente reunidos, partimos de Londres em direção a Nottingham, onde ficaríamos em um hotel, o local mais próximo que encontramos do festival. No caminho nos demos conta de que estávamos sem GPS, e tivemos de apelar para um mapa. Foram cinco horas de viagem até Nottingham. Nós nos perdemos diversas vezes até finalmente chegar ao nosso destino. Mal desembarcamos, largamos as malas e fomos rumo ao Donington Park. No festival, pudemos assistir a grandes shows, como Iron Maiden, Alice in Chains, UFO, Motörhead...

Com relação a esta última, aproveito para relacioná-los diretamente a um dos momentos mais marcantes da viagem. Do palco, enquanto Lemmy Kilmister, Phil Campbell e Mikkey Dee desempenhavam suas performances, eu, o Rodrigo e o Emerson assistíamos a tudo fascinados. Ao nosso redor, figuras como Nicko McBrain (baterista do Iron Maiden), Duff McKagan (baixista do Gun N' Roses) e Josh Homme (vocalista e guitarrista do Queens of the Stone Age) curtiam juntos a apresentação do Motörhead. Mas a figura que se posicionava ao lado da bateria era o ponto-chave de nossa atenção. Ali, visivelmente debilitado, amparado por duas mulheres — possivelmente familiares — encontrava-se o grande Philthy Animal Taylor. Aquela lendária figura fez parte da formação clássica da banda (atuou de 1975 a 1984, e de 1987 a 1992), e estava ali, bem à nossa frente, posicionado ao lado da bateria. Foi uma cena comovente. Era nítida a emoção no olhar de Taylor mirando o atual baterista do Motörhead, Mikkey Dee, em pleno desempenho de sua arte. Era como se Taylor dissesse em silêncio: "Porra! Eu também já fiz isso!"

Certamente foi um momento histórico para todos, especialmente para nós, que pudemos ver os dois grandes ídolos juntos pela última ultima vez. Taylor viria a falecer em 11 de novembro de 2015, aos 61 anos, e Lemmy Kilmister em 28 de dezembro do mesmo ano, aos 70.

Dos três dias de festival, pudemos presenciar apenas dois, mas foi extremamente válida aquela aventura. Acredito que para mim e para meus amigos. Todos, de alguma forma, puderam curtir aqueles momentos incríveis, principalmente o meu amigo Rodrigo (um dos maiores fãs do Motörhead), e, claro, o Emerson, que pela primeira vez saía de seu país natal para presenciar momentos fantásticos na Inglaterra. Novamente, grito a plenos pulmões:

— Viva o rock 'n' roll!

PAI DO ROCK

Não é qualquer empresa que permanece 25 anos em atividade, principalmente levando em conta o fato de que atua na insanidade do show business. Sendo assim, busquei uma forma de prestigiar a todos que fizeram parte da história da Top Link, uma maneira de perpetuar essa bela trajetória. Resolvi trazer para apenas três shows a lenda do rock mundial, basicamente o criador do rock, Chuck Berry. Nada mais nada menos que o cara que influenciou e influencia pessoas até hoje. As performances de palco de Angus Young seriam as mesmas sem Chuck Berry? O rock seria o mesmo sem a influência desse gênio chamado Chuck Berry?

Como disse, foram três shows apenas, um na Argentina, outro no Chile e outro em Curitiba.

Dos inúmeros lugares que poderia ter escolhido no Brasil, optei por Curitiba porque era a cidade-sede da nossa empresa. Foi ali que uma nova história começou a ser escrita quando viemos morar no Brasil, e foi onde comecei a plantar as novas sementes. Comemoraria os 25 anos de vida da empresa com o cara que mostrou o rock ao mundo. Especificamente sobre a turnê, preciso contar tudo, desde o primeiro contato e as primeiras manifestações de Chuck Berry.

Aquela magnífica figura, aos 87 anos, com sua porção altiva, arrebatava a todos com a força de sua personalidade e sua lucidez. Assim foi Chuck Berry em suas primeiras palavras ao chegar ao hotel em Curitiba. Falando diretamente ao gerente, queria uma comprovação de que toda a sua estadia estava paga, com garantias.

Eu o via através de um filme em preto e branco passando diante de meus olhos, algo nostálgico. Ali, atuando como protagonista de um filme épico, o homem que viveu o extremo, um negro em meio a um horrendo clima racista nas décadas de 50 e 60, o herói que pagou um preço caro para nos dar um dos maiores presentes da vida, o rock 'n' roll. Ali, à minha frente, estava o gênio, nascido em 18 de outubro de 1926 na cidade de Saint Louis, nos Estados Unidos, considerado um dos cinco maiores guitarristas do mundo. Diante de meus olhos sonhadores estava o homem que inundou o mundo com a força e a magia de sua música. Um monstro, pura fortaleza, chegar até aquele momento, da forma como ele chegou — somente um ser imortal conseguiria tal proeza. Assim eu o enxergava, como uma divindade. Ali, bem próximo, cercando-se de todos os detalhes de sua estadia, estava o mito.

Eu continuava acompanhando a cena, visualizando os vestígios de um passado glorioso, porém que deixaram muitas cicatrizes. Pensei na questão do carro, sempre o mesmo modelo que ele exigia que deixassem à sua disposição. Imaginava que aquela exigência, algo que estava inclusive em contrato, fosse uma forma de ele se proteger caso precisasse escapar, num instinto de pura sobrevivência. Vícios e atitudes do passado — ele não acreditava em ninguém, apenas em si mesmo.

Dentro de meu glorioso universo, pensei sobre o que eu diria a Chuck Berry. O que eu contaria a esse cara? Só poderia ouvi-lo, mirar todos os seus gestos e ações. Que histórias contar ao homem que criou a história? Lembrei-me de Keith Richards, dos Rolling Stones, enquanto premiava Chuck Berry no Hall da Fama. Keith dizia que era difícil para ele apresentar Chuck Berry, pois havia copiado todos os acordes que Chuck já havia tocado.

E as cenas do filme seguiam seu roteiro. Vi o mito questionar agora sobre um amplificador específico, outra exigência que constava em contrato. Como ainda não havíamos encontrado o tal amplificador, Chuck interrompeu as escusas e disse: — Não me contem histórias! — Em silêncio, apenas esticou automaticamente uma das mãos, querendo dizer com o gesto: — Pague-me a multa por não trazê-lo.

Show em Curitiba, com o Teatro Positivo completamente lotado. As pessoas, vindas de várias cidades, já que era a única apresentação no Brasil, acompanham em êxtase a apresentação da lenda viva. Alegria e felicidade refletidas em cada olhar de admiração, pura admiração. Não importava se os oitenta e sete anos de vida não permitiam a Chuck Berry fazer as mesmas performances de outrora — ainda era o velho e formidável Chuck. Anos de música e histórias contidas em um teatro. O tempo parou, e a certeza de que a música é o combustível da alma se fez verdadeira. Momento único, marcante para mim, era mais uma vez a coroação em altíssimo nível, nova prova de que valeu a pena toda a minha existência, valeu acreditar em meus sonhos.

Compreender o incompreensível. Chamam-me a atenção repetidos e-mails vindos de um mesmo remetente. À primeira impressão, tratava-se de um fã insatisfeito com a apresentação de Chuck Berry. Relevei, apesar de aquilo me deixar de certa forma incomodado e surpreso. À medida que o insatisfeito ser tornava-se repetitivo, decidi pagar-lhe os ingressos, como forma de não ter mais vestígios de alguém insatisfeito com o show de Chuck.

Ao reler os e-mails com um pouco mais de atenção, percebi que a referida pessoa era um juiz de outra cidade, e exigia que eu pagasse suas passagens aéreas, bem como sua estadia, além, é claro, dos ingressos dele e da acompanhante. Minha indignação só aumentava, e juro que não era só uma questão financeira. Era a falta de compreensão. Não me cabia a possibilidade de alguém assistir ao show todo de um dos maiores artistas do mundo e depois pedir ressarcimento por não ter gostado. Em uma das mensagens havia a menção de que Chuck Berry estaria muito debilitado e sem condições de se apresentar.

Porém as coisas tornaram-se ainda piores, pois recebi através do correio uma notificação. O insatisfeito fã agora se manifestava de outra forma, exaltando seu descontentamento por meio de um processo judicial. O sujeito era um juiz que se intitulava fã de Chuck Berry, dizia-se ferido em seus direitos como consumidor, desapontado por não ver o velho Chuck, do alto de seus 87 anos, mostrar ao vivo a sua famosa "Duck Walk" (Dança do Pato). Queria ser ressarcido por não ver o velho Chuck tocar como outrora.

Oras! Quem se diz fã de Chuck Berry tem no mínimo a obrigação de saber como eram as suas apresentações nos últimos anos! Incrédulo, fiz questão de participar da audiência. Queria ver pessoalmente o rosto desse personagem, mesmo sem precisar, já que meus advogados cuidavam de tudo.

E assim procedi. Fui até Foz do Iguaçu, cidade do Paraná, infelizmente, não para ver as famosas e belas Cataratas, uma das grandes maravilhas da natureza. Fui para uma audiência em que um juiz, insatisfeito com o show de Chuck Berry, me processava por supostamente não oferecer um verdadeiro espetáculo, e ainda insinuava que eu havia forçado um debilitado senhor a fazer aquilo que mais amava, tocar sua guitarra. Diante de todos, disse que não me conformava com a situação em que eu fora acionado. Questionei ao juiz que movia aquele processo sobre qual o sentido daquilo tudo. Seria cobiça? Demonstração de poder?

Estranhamente, percebi que, após me ouvirem, figurou certo desconforto no semblante de todos. Acho que perceberam que toda aquela situação era patética. Todos que estavam naquela noite festiva no teatro, assistindo ao show de Chuck Berry, estavam por uma única razão, ver o mito de perto, presenciar qualquer manifestação. Acredito que ninguém em sã consciência esperava uma apresentação eletrizante de um senhor de 87 anos, mesmo tratando-se de uma divindade em minha concepção. E se você estivesse ao lado de Beethoven e pudesse vê-lo tocar a Quinta Sinfonia, mesmo que em seus últimos dias de vida, já extremamente debilitado? Uma vez, em Londres, quando Chuck estava com 60 anos de idade, fui a uma apresentação dele, e digo que esta durou cerca de 25 minutos. Ele simplesmente saiu do palco enquanto tocava um de seus maiores clássicos, Johnny B. Goode. Ele estava bêbado e não se lembrava mais das letras. Obviamente não fiquei satisfeito, mas eu havia visto o gênio, e mesmo desapontado de certa forma, eu sabia que tinha atingido um objetivo.

Digo, para finalizar essa curiosa e importante passagem da minha vida, que acabamos ganhando a causa. Imagino que o sujeito que nos processou talvez ainda sinta vergonha da situação. Espero que ele apenas guarde a lembrança de quem assistiu a um show de Chuck Berry, como um fã, e possa de alguma forma ocultar de seus netos o processo que moveu.

Como curiosidade, segue cópia do contrato original de Chuck Berry:

CHUCK BERRY REQUIREMENTS

HOTEL ACCOMMODATION: The Purchaser or his Associates will pay and provide all rooms for 8 people from Arrival to Departure.
In a Five star Hotel, 5 night accommodation (except April 15th, not to be included)
- 1 One bedroom Suite (king size bed)
- 7 Single rooms (minimum queen size beds)
One of the single room must have a door in connection with the suite
(Or if possible a double bedrooms Suite and 6 single rooms only)
The Hotel must have a "24 h room service" and a "restaurant for lunch and dinners".
All in a five-star Hotel, upon Artist's approval.
All hotel bills, including tax will be fully paid by the Purchaser or his associates. A letter from the Hotel will be required (before checking in). This letter will certify that all payments for Hotel accommodations and for all meals (lunches, dinners and/or all room services) taken at the Hotel restaurants (working days and also days off), as stipulated on this contract, have been arranged or agreed directly between the Hotel and Purchaser, without any liability or responsibility for all touring member of the group for those expenses.
A pre-registration or check in will be organized by promoter and all keys of each room ready upon arrival (with rooming list for each member).
ID card or print of credit card will not be required.
CATERING: The Purchaser or his associates will pay for breakfast at the Hotel, and catering will be served at the venue.
All Lunches and dinners will be provided from the moment of the arrival of the group (8) until their departure, at the Hotel restaurant or other restaurant at Artist's choice and at Purchaser's expenses.
The Artist may wish to take his meals by room service or in Indian or Chinese Restaurant with his touring party at Purchaser's expenses or individually by room service or hotel Restaurant.

LOCAL TRANSPORT:
The following transportation will be paid and provided by Purchaser.
For all road or local transfers from and to airport / hotel / venue of performance.
1) A new or late model, clean (with navigation system) Audi A8 "without Chauffeur", this car will be driven by his Agent. His driver license will be provided to the Purchaser.
2) A VAN (10/12 Passengers) with chauffeur, which will lead us from/ to airport, hotel and venue (and to transport the musicians and some of the luggage).

A two ways radio system (walkie-talkie) will be provided to communicate with each car (reception/emission range of 2 kms)
All cars at all time disposal from Arrival to departure
All cars must be ready immediately upon arrival at the Airport at the closest exit or gate of the terminal.
All full coverage car insurance, all gas, toll road or bridge will be paid by Purchaser.

If the promoter does not provide the specific requested cars (brand &model), a penalty of 1,000 USD (One Thousand US Dollars will be applied by car, payable immediately to the Artist, in cash, in USD).

No waiting time at Airport, Hotel lobby or elsewhere

DRESSING ROOMS:
The Purchaser will provide One big clean dressing room for the Artist, to contain one armchair, a sofa, few chairs, a table, a mirror, soap, towels (dressing rooms & stage), heating, air conditioning, fresh squeeze orange juice & hot tea, mineral water, sodas, fresh fruits, cold food will also be provided.

More dressing rooms with chairs, tables, mirrors, water sink towels (dressing rooms & stage), soaps, cold food, wine (white and red), beers, mineral water and soft drinks should be provided.

CHUCK BERRY BACKLINE REQUIREMENTS
PROMOTER PROVIDE ALL PROFESSIONAL SOUND SYSTEM WITH 2 DOWN STAGE & LIGHTING APPROPRIATE MONITORS FOR ARTIST & EACH MUSICIAN OR PERFORMER
1) FOR CHUCK BERRY / GUITAR (Guitar not be provided)
To be provided by Purchaser:
2 UNALTERED FENDER DUAL SHOWMAN AMPLIFIER SETS, CONSISTING OF TWO DUAL SHOWMAN AMPLIFIER HEADS MEASURING 13 INCHES HIGH, 9 INCHES DEEP, AND 26 INCHES ACROSS THE FRONT WITH THE MATCHING FENDER DUAL SHOWMAN SPEAKER CABINETS MEASURING 45 INCHES-1/2 INCHES HIGH, 30 INCHES WIDE, AND 11 INCHES DEEP

2 GUITAR STANDS / + 1 MASTER VOCAL MICROPHONE.
2) FOR CHARLES BERRY / JUNIOR GUITAR (Guitar not be provided)
To be provided by Purchaser: 1 TWIN REVERB AMP.
3) FOR JAMES MARSALA / BASS GUITAR (bass Guitar not to be provided)
To be provided by Purchaser: AMPEG S.V.T w/S.V.T bottom or Gallian kruger 800 w/1-15 and 1-4x10 speaker enclosures
4) DRUMS (to be provided by Purchaser)
Five piece Yamaha or Tama kit w/ cymbals, sat and all hardware
5) KEYBOARD (to be provided by Purchaser)
YAMAHA GT-2, and keyboard amplifier for personal monitor (PEVEY KB 300).
Or a grand piano...
6) FOR DARLIN-INGRID BERRY-CLAY (VOCAL & HARMONICA)
1 Wireless microphone

SOUND/LIGHTING/BACKLINE: The Purchaser or his associates will provide at his own expenses all sound/lighting, back-line equipment, which the Artist requires for his concert such equipment will be sent in good time to the Artist or his road manager by the Purchaser.
Important: The Artist will not accept any other Amplifiers than those required
(2 fender dual showman amps / 1 twin reverb)
The Purchaser will provide at his own expenses top class Sound/light Engineer/ technical crew for the smoothness or good accomplishment of the event and performance.
SHOW LENGTH: 60 MINUTES / 6 PEOPLE ON STAGE

Durante o tempo de estrada no show business, fazemos amigos no percurso. Especificamente em Los Angeles, fiz alguns. A cada passada por aquele magnífico lugar, era de praxe reunir-me com eles. Certa vez pensei: por que não montar uma banda em que os integrantes seriam latinos famosos do heavy metal?

Sem exagero nem demagogia, logo pela manhã estava entrando em contato com Rudy Sarzo (Whitesnake/Ozzy), Dave Lombardo (Slayer, Suicidal Tendencies), Kiko Loureiro (Angra/Megadeth), Roy Z (músico e produtor, lista infindável...) e Jeff Scoth Soto (Yngwie Malmsteen). No mesmo dia, precisamente às 20 horas, estávamos todos reunidos no lendário Rainbow Bar, templo do rock, parada obrigatória para qualquer amante da música, local onde vários monstros do rock já estiveram em loucas reuniões etílicas. Infinitas histórias foram contadas nesse templo sagrado, um caldeirão efervescente onde o mito e a realidade se confundiam magicamente. Outra figura ilustre presente naquela noite, sentado à nossa mesa, foi o grande guitarrista Tom Morello. Aquele encontro rendeu alguns ensaios. Por duas vezes eles se encontraram para criar, e por muito pouco aquele projeto não foi adiante, principalmente em virtude dos compromissos de cada um. Digo que seria um projeto para marcar história.

2014

Aos primeiros dias de janeiro, algumas nuvens escuras cobriam os céus de minha mente e faziam com que uma chuva de dúvidas inundasse meus pensamentos. Não conseguia identificar a exata razão de meus temores e incertezas. Creio que um acúmulo de cansaço, frustrações e responsabilidades tenha contribuído. Esses sentimentos já vinham de algum tempo, mas passaram a intensificar-se no início de 2014. Mesmo passando dificuldades com esses conflitos internos, não mudei minha postura profissional. Apenas optei por diminuir um pouco o fluxo de shows, com o intuito de trazer um pouco mais de tempo para minha vida particular.

Reneguei o tempo todo as marcas que os anos de estrada trouxeram, e relutei em admitir que o peso das demasiadas responsabilidades e do cansaço físico traria consequências. Esse ritmo de perdas e ganhos pode trazer prejuízos mais agudos, não somente ao bolso, mas principalmente à alma. Trabalhar como empresário do Angra era algo que me mantinha com esperanças, exercitava meu lado criativo e trazia satisfação, alimentava meu espírito...

Em meio a esse panorama, minha mente acabava tendo alguns lapsos, minha memória falhava por vezes, e alguns equívocos fatalmente ocorriam. Alguns podem parecer cômicos, mas na verdade são trágicos. Um exemplo típico disso havia ocorrido uns meses antes, no final de 2013, quando fatalmente "matei" Lemmy Kilmister antes do tempo.

Sim, o fiz, e com estilo! Publiquei e lancei aos quatro ventos. Vamos aos fatos do equívoco:

Sábado, duas horas da madrugada. Recebo uma ligação de Belo Horizonte, onde o Angra se apresentava. Tenho por hábito desligar o celular um pouco antes de dormir. Eu estava prestes a desligá-lo quando recebi uma ligação do meu produtor, que com voz embargada anunciava a morte de Lemmy. Ele me dizia que o Motörhead se apresentava no Festival Wacken, na Alemanha, e Lemmy havia saído de maca do palco. Inclusive tentaram ressuscitá-lo com desfibrilador. Perguntei como ele sabia disso, e ele me falou que um técnico da equipe do Motörhead informou-lhe por meio de uma mensagem. Não poderia duvidar, pois havia dois brasileiros na equipe do Motörhead, que inclusive já haviam trabalhado comigo, e eram de extrema confiança.

Chocado, antes de qualquer coisa, liguei primeiramente para o meu amigo Rodrigo, um dos maiores fãs do Motörhead que conheço nesta vida, e dei a ele com exclusividade a notícia da morte do seu grande ídolo. Desolado, o Rodrigo sugeriu que saíssemos rapidamente para o velório, sem nem mesmo saber onde seria. Choramos juntos ao telefone, e pedi a ele para que tentasse comprar nossas passagens (Deus sabe para onde). Terminei a ligação e em seguida percebi que a Damaris, minha assessora de imprensa, estava on-line. Aliás, ela está sempre conectada a tudo, sempre pronta a prestar qualquer informação. Perguntei se ela havia visto alguma notícia sobre a morte de Lemmy, e ela, por uma infeliz coincidência, disse que o Branco, um dos maiores locutores do Brasil, havia postado nas redes sociais que Lemmy tinha morrido.

Quatro horas da manhã, o cansaço comprometia ainda mais minhas faculdades mentais. Dessa forma, sem pensar mais a respeito, já que havíamos pesquisado bastante antes, pedi a ela que divulgasse oficialmente a notícia na página da empresa. Chorei mais um pouco, fiz uma profunda oração para o Lemmy e seus familiares, e fui dormir.

O dia seguinte: trágico! Não tenho mais sinônimos para expressar. Um misto de vontade de morrer com alegria profunda. Lemmy não havia morrido! Passava do meio-dia. Fui dormir muito tarde e prolonguei o sono. Acordei, liguei meu celular e percebi que havia infinitas mensagens e ligações. Imediatamente pensei: "Acho que matei alguém antes do tempo!"

O que realçou tudo isso foi o fato de ouvir a mensagem de voz da minha assessora de imprensa pedindo para que eu ligasse urgente. Me arrepiei quando ouvi a primeira mensagem e entrei em coma quando ouvi a segunda: — Paulo, o Lemmy não morreu!

Mas não eram só as mensagens da Damaris que estavam no meu celular. Existiam outras milhares! Pessoas do mundo inteiro, com que eu não falava havia anos, tentavam manter contato comigo. Em menos de doze horas, tornei-me mais popular que os Beatles, só que de uma forma negativa. Mobilizei praticamente o mundo todo a buscar informações sobre uma notícia falsa. Não era minha intenção promover-me, mesmo porque essa minha infeliz atitude viria a promover mais o meu assassinato do que o meu status.

Um dos principais sites do Brasil ficou fora do ar em virtude do volume de acessos. Como é importante averiguar uma informação antes de divulgá-la! Eu, que sempre zelei por isso, acabei sendo vítima de meu impulso! Tudo que demorei uma vida inteira para construir poderia perder-se por um irresponsável reflexo.

Durante dias, semanas, fui alvo de xingamentos. Eram milhares de mensagens condenando meu infeliz equívoco. Também recebi inúmeras mensagens de apoio, mas posso dizer que não amenizou muito minha situação. Aprendi de forma dura a ter um pouco mais de cautela no que se refere a divulgar alguma notícia.

A título de curiosidade, coloco as notas publicadas, tanto a que anunciou a falsa morte do Lemmy, quanto aquela em que eu me retrato pelo equívoco.

"MOTÖRHEAD: Declaração da produtora Top Link Music sobre Lemmy
Neste momento são 2:30h da manhã, quando por um telefonema me veio a triste notícia de que o nosso herói Lemmy Kilmister, figura emblemática do rock 'n' roll mundial, faleceu nesta madrugada.
Eu tive a oportunidade de conviver com ele e com toda a família MOTÖRHEAD em 3 turnês na América Latina e pude descobrir como são pessoas fantásticas esses caras, inclusive o próprio Lemmy, sempre autêntico dentro e fora do palco.
Sinto-me extremamente triste com essa perda. Há dois meses assisti a um show deles e já pude notar que Lemmy não estava em sua perfeita forma, mas me mantive otimista de que nosso grande herói se recuperaria brevemente.
Meus sinceros pêsames a todos da família MOTÖRHEAD, aos meus grandes amigos Rogerinho e Eddie, brasileiros incansáveis que sempre acompanharam esse grande ídolo com honra e dedicação.
Que fique uma lembrança boa para todos nós da última turnê que fizemos com a banda pelo Brasil em 2011.
Descanse em paz o maior herói do Rock."

Declaração do empresário Paulo Baron — diretor da produtora Top Link Music, responsável pelas últimas turnês do MOTÖRHEAD pela América Latina.

E, abaixo, a mensagem onde me retrato:

"Felizmente, fiquei sabendo agora por fontes direto da banda Motörhead que Lemmy se encontra bem e voltando para casa.
Ontem, realmente, pela noite, confirmado por várias fontes, eu fui informado de que Lemmy havia falecido.
Me sinto por um lado muito feliz que isso não tenha acontecido, e por outro lado também agoniado com tudo isso.
Peço desculpas a todos publicamente por esta falha.
Simplesmente eu quis expressar minhas condolências sinceras sobre o suposto acontecimento, já que se trata de um grande amigo.
No entanto, graças a Deus o grande ídolo do rock Lemmy Kilmister está vivo."
Declaração do empresário Paulo Baron — diretor da produtora Top Link Music, responsável pelas últimas turnês do MOTÖRHEAD pela América Latina.

  Seguindo a jornada de 2014, esqueci por ora os temores e os recentes equívocos e segui adiante. Mesmo tendo estabelecido a redução da carga de trabalho, inconscientemente acabei voltando ao ritmo frenético de sempre. O próximo compromisso era com Alan Parsons. Teríamos uma agenda cheia pela América Latina. Esse fabuloso artista, que começou sua carreira trabalhando como engenheiro de som no famoso estúdio Abbey Road, em Londres, tem em seu currículo trabalhos com os Beatles e o Pink Floyd (The Dark Side of the Moon). Ao lado de Eric Woolfson (morto em 2009, vítima de um câncer), formaram o grupo Alan Parsons Project nos anos setenta, e juntos lançaram inúmeros álbuns.

  Sempre tive uma admiração especial por eles, mas por Alan Parsons nutria um carinho especial, principalmente pelo glorioso caminho que havia trilhado. Admirava a profundidade e a beleza de suas músicas com o grupo e em seu projeto solo. Outra questão era o saudosismo. As músicas do Alan Parsons

Project me remetiam à infância. Traziam a lembrança de momentos felizes, projetavam as imagens da sala de minha casa, onde eu podia visualizar cada detalhe da decoração e ouvir perfeitamente a vitrola tocando o álbum Eye in the Sky. Sempre que podia, meu pai colocava aquele disco maravilhoso para tocar, dessa forma espalhando pela casa mágicas ondas sonoras. Fiz todo o possível para trazer Alan Parsons ao Brasil, para alguns shows, e depois de vê-lo nas apresentações da turnê, tive a certeza de que valeu todo o esforço e o dinheiro aplicados.

Em seguida, assumimos mais um trabalho com o Marillion, seguindo em mais uma turnê pela América Latina. Essa sequência de trabalhos trouxe um pouco mais de forças, e percebi que gradativamente, apesar do velho cansaço físico, fui me recuperando, ao menos nas questões emocionais, já que as finanças ainda necessitavam de cuidados. Desnecessário falar dessa turnê com o Marillion. Digo apenas que as apresentações renderam momentos inesquecíveis, inclusive um disco ao vivo gravado em Santiago do Chile. Sou suspeito para falar do Marillion, por isso não entrarei em maiores detalhes dessa turnê, pois correria o sério risco de tornar-me redundante.

Outro fato extremamente importante, que contribuiu muito para elevar meu astral naquela turbulenta fase, foi acompanhar o processo de gravação do álbum Secret Garden, do Angra. Esse álbum começou a ser gerado enquanto realizávamos uma turnê mundial, mais precisamente enquanto estávamos na Argentina. Conversávamos a respeito de gravar um novo álbum, fazer algo diferente do que até então havia sido feito. Ao chegarmos a um consenso, imediatamente busquei o produtor sueco Jens Bogren para trabalhar nas gravações do novo álbum. O cara realizava na época um trabalho fantástico e inovador com o metal, e isso vinha diretamente ao encontro do que nós queríamos, pois desejávamos dar uma nova roupagem musical ao Angra.

A banda aceitou minha sugestão quanto ao produtor, e rapidamente deram sequência ao projeto. As gravações foram realizadas num estúdio na Suécia, e o lançamento do álbum foi em 17 de dezembro de 2015, primeiramente no Japão. Senti-me muito feliz por ter contribuído de alguma forma para esse belo álbum, principalmente pelo fato de o Angra ter aceitado minhas sugestões, já que eles sempre prezaram pela não interferência de terceiros em seus trabalhos. Indiquei as participações no álbum da cantora Simone Simons (Epica) e da cantora alemã Doro Pesch. A pré-produção do disco foi feita pelo competentíssimo Roy Z.

Como se não bastasse minha interferência, ainda participei das gravações do videoclipe de Final Light, tendo meu momento hollywoodiano interpretando um vilão bigodudo que pilota um avião da Segunda Guerra Mundial. O chapéu que usei nesse clipe serve de homenagem a Lemmy Kilmister. Como a minha formação foi em cinema, essa foi mais uma formidável e inesquecível oportunidade. Trabalhar no roteiro e ainda participar do videoclipe foi algo ímpar, mais uma realização, mais um sonho "roqueando" minha vida.

No dia 19 de setembro de 2015, chega o momento de me redimir do trágico show ocorrido em 2011, que muitos consideram a pior apresentação da história do Angra. Foi um catastrófico show ocorrido no mesmo palco e no mesmo festival — fantasmas que precisavam ser exorcizados.

No ar pairava uma atmosfera pesada, tensão por todos os lados. A dúvida e a insegurança geravam ainda mais espectros, mas o momento não permitia erros, apesar de estarmos apreensivos. Tratava-se da despedida de Kiko Loureiro das guitarras da banda. Ele estava prestes a figurar como guitarrista oficial do Megadeth, e seu substituto, Marcelo Barbosa, faria sua primeira exibição.

Outra informação extremamente importante é que havíamos convidado meu amigo Dee Snider, do Twisted Sister, e a querida cantora alemã Doro Pesch para dividirem o mesmo palco, sem terem ensaiado uma única vez sequer.

Em meio a toda essa turbulência e previsões apocalípticas, eis que vejo meus sonhos se realizarem diante de um show mágico. Segundo palavras da mídia especializada e do público presente que votou, foi a melhor apresentação daquele dia do festival, e posso afirmar com propriedade, pois via de cima do palco a emoção presente no semblante das milhares de pessoas que acompanhavam o show, cantando e pulando.

Logo após o show, dentro dos camarins, os integrantes do Angra e eu confraternizamos emocionados, e agradecemos aos céus por tudo ter dado muito certo. Eu chorava copiosamente. Estava feliz pelo êxito da apresentação e emocionado pela saída do Kiko. Sentia-me feliz e orgulhoso por ele, mas ao mesmo tempo uma pontada de saudade já apertava meu coração. Sinto um carinho grande pelo Kiko Loureiro, e o tenho como a um irmão, meu parceiro de longas e agradáveis conversas.

No mais, reinava a felicidade suprema. Sinto-me extremamente satisfeito por ter acertado na decisão de convidar a Doro e o Dee Snider para dividirem os vocais com o Angra, embora inicialmente a banda não estivesse tão segura — não pela qualidade dos artistas, claro, mas por serem estilos diferentes.

Ainda em êxtase por tudo o que havíamos feito, fomos levados ao hotel onde estávamos hospedados, e no trajeto ainda pairava o clima de comemoração. Ao entrar no saguão do hotel, escuto uma voz chamando meu nome: — Paulo, meu rei! — Ao me virar, deparo com Carlinhos Brown, um dos artistas mais completos da música brasileira, responsável por formar outros talentosos músicos que inclusive já tocaram com Peter Gabriel, Phil Collins, entre outros. Dei um abraço nele, e trocamos algumas palavras. Perguntei a ele se havia assistido ao show do

Angra no Rock in Rio, e ele disse que sim. Inclusive o classificou como apoteótico. Disse ainda que seus filhos eram fãs da banda. Em seguida, entre outras conversas, sugeriu que eu gerenciasse algumas coisas da carreira dele nos EUA e na América Latina. Confesso que me senti honrado com essa possibilidade, mas minha cabeça naquele momento estava completamente tomada pela empolgação do fantástico show, afinal, praticamente todas as minhas apostas com o Angra estavam tendo incríveis resultados.

Com a cabeça "a mil" e uma taça de vinho em mãos, abruptamente me veio uma ideia maluca. Toquei no ombro dele e falei:

— Carlinhos, meu rei! Acabei de ter um *insight!* Que tal colocarmos um trio elétrico de rock no carnaval da Bahia? Que tal você e o Angra na orla de Salvador?

Com aquela incrível empolgação que lhe é peculiar, Carlinhos tocou em meu ombro e me disse que achava sensacional, e prontamente aceitou a ideia. Sugeri-lhe ainda que poderíamos convidar também o Sepultura, e futuramente, quem sabe, outros artistas internacionais (eu já imaginava outras edições).

Despedimo-nos já com a certeza de que toda aquela loucura se tornaria realidade, e minutos depois, com a adrenalina um pouco mais baixa, uma pergunta martelou em minha cabeça: "Meu Deus! Como farei para convencer os músicos do Angra e do Sepultura a aceitarem isso?" Naquele momento senti na pele a veracidade da famosa frase: "Cuidado com aquilo que queres."

Mais uma vez a sorte estava lançada. Em pânico e feliz, pedi ali mesmo, no saguão do hotel, que trouxessem um bom vinho, enchi a taça, brindei comigo mesmo e o bebi intensamente. Naquele momento pensei: "Foda-se, vou dar um jeito, hoje quero apenas comemorar!" Olhei ao redor, me certifiquei de que estava de volta ao planeta Terra, e segui caminhando até o elevador com um sorriso largo.

Os dias seguiram seu curso normal. Continuei na estrada trabalhando em turnê com o Air Supply, Tarja, Creedence e as derradeiras apresentações do Buena Vista Social Club. Quanto a esta última, gostaria de expressar o imenso carinho e a admiração que sinto por eles, uma gratidão eterna pela possibilidade de ter convivido e trabalhado com esses maravilhosos músicos, e com toda a equipe envolvida no processo, por tantos anos. Além do talento que é peculiar a cada um, difícil render-se ao sorriso sempre presente no semblante de todos. Era nítido que se tratava de pessoas desenvolvendo aquilo que mais amavam. Era algo sagrado para eles subirem ao palco, uma celebração mágica, e muitas vezes fui testemunha ocular de tudo isso.

Num dos últimos shows, prestes a encerrarem oficialmente a carreira, na cidade de Florianópolis (uma das praias mais lindas do Brasil), fui chamado ao palco, onde, surpreendentemente, recebi os agradecimentos pelos serviços prestados. Confesso que foi um momento comovente. Receber uma homenagem dessas lindas pessoas é uma emoção que dificilmente saberei expressar. Posso apenas dizer que me sinto abençoado. Falar do Buena Vista Social Club é falar de arte, história, superação...

O documentário feito por Wim Wenders e Ry Cooder, lançado em 1998, tornou o grupo mais conhecido, porém sua importância e sua história vão muito além da película. Buena Vista Social Club era um local que funcionava no ano de 1940 em Cuba, onde músicos se reuniam para tocar e bater um bom papo. Esse lendário local, iluminado por habilidosos músicos, findou-se em 1950 em decorrência do golpe militar. Anos depois, em 1996, movidos pela paixão e pelo saudosismo, o músico cubano Juan de Marcos Gonzáles e o guitarrista norte-americano Ry Cooder reuniram algumas daquelas lendárias figuras para gravar um álbum, e essa sensacional reunião gerou o Buena Vista Social Club, agora oficializado como grupo.

Era a redenção. O destino tratava de resgatar um dos maiores tesouros da música mundial. Mesmo que tardiamente, aqueles mágicos instrumentistas, além de reviverem os áureos tempos, puderam mostrar ao mundo todo o talento que fora ocultado por anos. Política jamais deveria prevalecer sobre a arte. Fez-se a justiça. Apesar de muitos já terem morrido, restavam ainda algumas fortalezas como Omara Portuondo, Barbarito Torres, Guajiro Mirabal e Jesus "Aguaje" Ramos, que ainda mantinham viva a chama da memória e da arte.

É incrível pensar que eles sofreram grandes baixas ao longo dos anos. Alguns morriam durante as turnês. Compay Segundo, Rubén Gonzaléz e Ibrahim Ferrer já haviam partido, portanto, daqueles que iniciaram todo o processo na década de 40, apenas Omara Portuondo estava viva.

No palco, o Buena Vista, além de celebrar a música, prestava uma homenagem a cada um daqueles que haviam morrido. As apresentações da banda sempre foram emocionantes, comoventes. Eram uma amostra de que a arte sempre supera tudo e a magia da música sempre prevalecerá, não importa o quanto custe ou demore. Creio que de alguma forma, por meio destas linhas, presto uma homenagem a essas maravilhosas pessoas que tanto encantaram e enriqueceram a música. Sempre serei grato pelo carinho e a oportunidade que tive de trabalhar com esses ícones da música mundial.

* * *

6 de fevereiro de 2016, 20 horas. Aquele encontro com Carlinhos Brown no Rock in Rio de 2014, curiosamente, geraria algo inimaginável. Depois de alguns atrasos devido a vários percalços, em plena orla de Salvador, me vejo em meio a um turbilhão de emoções. Um mar de pessoas à minha frente; às minhas costas e à minha direita, a praia e o Farol da Barra. Era

como se eu fosse jogado repentinamente em algum lugar após ter sido abduzido.

Ainda quase incrédulo, tentando processar as informações, me vejo em cima de um trio elétrico em pleno carnaval baiano. Para quem não sabe o que é um trio elétrico, trata-se de um caminhão recheado com toneladas de equipamentos de som no qual músicos, lá do alto, tocam para milhares de pessoas. Com uma peculiaridade: esse caminhão segue em movimento por cerca de quatro quilômetros, enquanto as pessoas o seguem por todos os lados, dançando freneticamente, embaladas pelo potente som.

Claro que não é tão simples assim. É algo muito maior, é uma das maiores manifestações culturais e populares do planeta (estima-se que cerca de 2 milhões de pessoas percorram os circuitos durante as festas). É um espetáculo que se torna difícil explicar por palavras. Lá do alto do trio elétrico, olho a multidão e vejo distintos semblantes, alguns marcados pela euforia, outros pela curiosidade, outros pela indiferença e outros estupefatos. Uma mistura de sensações e pensamentos inundava meu ser; era algo surreal.

As primeiras notas eram tocadas, o carro parte, e a sorte estava lançada. O Expresso da Meia-Noite parte, tendo como passageiros o Angra, o Sepultura, Carlinhos Brown e toda uma equipe técnica, e não imaginávamos o que poderia acontecer. Afinal, estávamos em uma manifestação cultural que havia muitos anos ocorria praticamente inalterada, em que os ritmos predominantes sempre foram o axé e o pagode.

Agora, naquele dia específico, o rock marcava presença pela primeira vez na história do riquíssimo carnaval baiano. Estávamos nos sentindo como verdadeiros vikings invadindo uma nova terra e tentando se estabelecer — uma verdadeira loucura. Claro que não queríamos provar que éramos melhores que ninguém. Desejávamos apenas mostrar que todos poderiam beber do mesmo líquido que nos embriagava, apresentar algo que também tem o poder de alegrar, de contagiar, de unir.

    O carnaval supostamente sempre fora uma manifestação cultural em que ricos e pobres se misturam e confraternizam de forma igual. Num país como o Brasil, lindo, porém marcado pela desigualdade social, é uma atitude louvável. Sendo assim, por que não levar outro ritmo musical? Se diferenças se ofuscam perante a alegria, nada mais justo, em nossa humilde concepção, romper preconceitos e ampliar os horizontes de nossas mentes. O fato é que, incrivelmente, as coisas começavam a fluir, e gradativamente as pessoas começaram a absorver a ideia. Sentíamos aos poucos que tudo aquilo poderia dar certo, mas o fator preponderante foi a performance do comandante Carlinhos Brown, que, à frente do "Expresso Viking", comandava de forma contagiante, dançando e gesticulando na rua, abria alas e tornava o sonho real.

    À medida que as horas passavam, nos sentíamos mais confiantes, vendo que muitos haviam comprado a ideia. Depois de sete horas de apresentação ininterruptas, finalizamos tocando We Will Rock You, do Queen. Milhões de braços erguidos e milhões de vozes fazendo ecoar para o universo o marcante refrão nos fizeram ter a certeza naquele momento de que a missão fora cumprida.

    O legado disso tudo, não sabemos mensurar, porém creio que jamais sairá da mente a lembrança daquele que para mim será um dos momentos mais marcantes de minha vida. Aqueles que já estiveram no carnaval baiano talvez possam entender um pouco melhor aquilo que estou falando. Desde a década de 20 até hoje, a festa arrasta cada vez mais e mais pessoas, e creio que esse processo se fará cada vez maior. Basta ver pela estrutura aplicada a cada ano. Os trios elétricos, por exemplo, tornam-se cada vez mais modernos, palcos ambulantes com uma estrutura muito maior do que palcos de festivais mundialmente conceituados.

O Expresso da Meia-Noite me conduz de forma despretensiosa, do mesmo modo como fora conduzida aquela inocente criança no verão de 1977. O aparelho sonoro me projetou para cima da máquina de fazer música, do rádio ao trio elétrico, do sonho aos trilhos, do desejo às estações da glória. A música alimenta a caldeira, e o Expresso segue seu curso, marcando os trilhos da história, construindo a cada percurso um cenário de cor, som e magia. As imagens da lembrança confundem-se com as projeções do presente, quimeras que abrem caminhos além das montanhas, céu, terra, água, fogo e ar, elementos como notas, claves que impulsionam o frenético pensamento e fazem com que as mãos construam, deslizem sobre cordas, golpeiem os tambores e mantenham a direção.

O microcosmo torna-se macrocosmo e repercute em milhares de pessoas, como as ondas que se propagam no Universo. Embora tenha terminado o carnaval, eu continuo aqui, em meu próprio trio elétrico, "roqueando" meus sonhos e vendo aonde a energia da música irá me levar.

People get ready, there's a train a-coming
You don't need no baggage
You just get on board, all you need is faith
To hear the diesels humming
Don't need no ticket, you just thank the Lord

Pessoal, preparem-se, há um trem chegando
Você não precisa de nenhuma bagagem
Só suba a bordo, tudo que você precisa é de fé
Para ouvir o motor diesel zumbindo
Não precisa de passagem, você só agradeça ao Senhor

Rod Stewart — People Get Ready

AGRADECIMENTOS

Quero agradecer, em primeiro lugar, a Deus, pela vida que me deu e pelo destino que me preparou;

Aos meus pais, pelos valores e ensinamentos que me deram;

À Deyse, por ser a luz no caminho. Sem ela, a Top Link Music não seria o que se tornou. *-No one like you-*

A todas as pessoas da Top Link Music, ou que passaram por aqui, e ajudaram para que a empresa crescesse e se fortalecesse;

A todas as estrelas da música que me inspiraram e com as quais pude tornar meus sonhos uma realidade;

Ao Emerson, que me ajudou e incentivou a fazer deste livro uma realidade;

À minha família, que está nos diferentes cantos deste planeta, e são um suporte emocional muito grande;

À minha filha, minha motivação para seguir em frente nos momentos difíceis.

E ao compadre Enio, por ter sido o primeiro que acreditou em mim. Tua memória estará presente comigo até o dia em que voltaremos a nos encontrar.

Obrigado.

> O maior juiz de seus atos deve ser você mesmo e não a sociedade. Aprenda as regras e quebre algumas.
> — Dalai Lama

DEPOIMENTOS
– O QUE AS ESTRELAS DIZEM

ROY Z (produtor e músico)
Paulo Baron é um homem de integridade e classe incomparáveis. Trabalhamos juntos há muitos anos em produções gravadas, concertos, composições e muitos outros empreendimentos. Eu admiro seu espírito de sempre empurrar as coisas em direção ao melhor e por sempre manter sua palavra, tanto como promotor quanto como homem. Ele é de primeira classe por todo o caminho! Nós dois compartilhamos um vínculo especial, pois nossas famílias vêm de El Salto, Jalisco, México. O estado que deu origem a Tequila, Mariachi, Santana, minha família e nosso amado Paulo. Sendo um *tapatío* como Baron, isso me deixa muito orgulhoso de todas as suas realizações.
E isso é apenas o começo. Parabéns, irmão!

JAY JAY FRENCH (Twisted Sister)
Paulo, eu quero te falar que o Twisted Sister já tinha, muitos anos antes de nos conhecermos, bastante sucesso nos EUA, bastante sucesso na Europa, mas nunca tivemos uma história na América do Sul! E você, meu amigo, trouxe essa história para nós! Sem isso, acho que minha vida não seria completa. Eu nunca havia conhecido a paixão que existia na América do

Sul. E você provavelmente nos deu as melhores experiências de nossas vidas (talvez não muito na Bolívia)! Mas (posso respirar agora, então posso terminar isso) muito obrigado por tudo que você fez! Parabéns, Paulo. A gente pode ou não tocar para você, mas eu e você permaneceremos amigos pelo resto de nossas vidas! Eu aprecio muito nossa relação! Obrigado, meu amigo! ¡Adiós!

TARJA TURUNEN
Paulo, eu gostaria de agradecer por todo o trabalho e paixão durante esses anos de nossa colaboração. Você me ajudou a desenvolver minha carreira na América do Sul e sou eternamente grata a você. Eu também quero agradecer a sua confiança em mim. Foi um prazer conhecê-lo pessoalmente e espero que esses 30 anos sejam apenas a era inicial para algo ainda maior em sua vida. Obrigada pela amizade!

LUCA TURILLI (Rhapsody)
Olá, meu amigo! Como você está, querido Paulo? Nossa, não consigo acreditar! 30 anos de Top Link Music, 10.000 shows! Eu te desejo mais 10.000 shows no futuro! E acredito que você realmente merece! Você é uma ótima pessoa, de bom coração! Nós amamos você! Nós somos italianos! Nós amamos seu estilo e atitude! Quer dizer, nós passamos os dois últimos anos junto com a Rhapsody Farewell Tour! Grandes emoções que compartilhamos juntos! Foi o fim de um ciclo para nós, e foi muito bom poder compartilhar com uma pessoa como você — fica muito mais divertido. Eu realmente espero que no futuro possamos trabalhar com você novamente! Uau! Desejo tudo de melhor, muito amor de toda a equipe Rhapsody! E nós te amamos! *Ciao!*

STU COOK (Creedence Clearwater Revisited)
É um grande prazer poder felicitar você e a Top Link Music pelo seu 30º aniversário, e 10.000 shows produzidos. Tem sido uma honra trabalhar com você e com a Top Link Music. Muito bom!

DEREK SHERINIAN (Sons of Apollo, ex-Dream Theater)
Paulo Baron, 30 anos de Top Link. Incrível! Eu jamais me esquecerei de quando você me livrou de uma, na *tour* de Yngwie Malmsteen no Brasil. E pelos momentos incríveis que tivemos com Sons Of Apollo ano passado. Espero muito mais turnês com você e celebrações! Obrigado, meu amigo.

RUDY SARZO (Dio, Blue Oyster Cult, Whitesnake, Ozzy Osbourne, Quiet Riot)
Quero parabenizar Paulo Baron e Top Link por 30 anos de turnês incríveis! E eu sei bem disso, pois eu estive em *tour* com o Dio junto com o Paulo, e também com o Blue Oyster Cult! Momentos incríveis! Um amigo incrível! Deus abençoe a todos. E mais 30 anos!

ANDREAS KISSER (Sepultura)
Queria parabenizá-lo pelos 30 anos da Top Link. Por esse trabalho sensacional em luta pelo rock, pelo metal. Agradecer também pelas oportunidades que você me abriu, com Scorpions, com a Sony TV, entre outras oportunidades de shows que nós fizemos juntos, com Sepultura e tudo o mais! E que mais 30 anos venham aí, mano! Força total! Parabéns pelo trabalho e um grande abraço! Tamo junto!

CHARLIE BENANTE (Anthrax)
Eu gostaria de parabenizar meu grande amigo Paulo Baron pelos seus 30 anos com a Top Link, e que venham mais 30!

RAFAEL BITTENCOURT (Angra)
Paulo Baron nos faz passear pelos bastidores do mercado musical com o olhar nobre de um batalhador vitorioso. Nos faz rir e chorar com suas histórias vividas em 30 anos de experiência. Este livro é aprendizado e entretenimento garantidos para quem trilhar o longo caminho ao topo.

Você vai vibrar, se emocionar e crescer com esta gloriosa jornada de sucesso.

MIKE PORTNOY (Sons of Apollo, ex-Dream Theater)
Quero parabenizar meu amigo Paulo Baron pelos 30 anos de Top Link! Parabéns, meu amigo! Espero vê-lo em breve!

ALBERTO RIONDA (Avalanch)
Querido Paulo Baron, amigo e grande profissional. Nos conhecemos há quase 20 anos, trabalhando juntos. Parabéns pelos seus 30 anos com a Top Link Music, e mais de 10.000 shows. Poucos neste negócio podem atingir uma marca como essa. Me sinto muito orgulhoso! É uma honra ter você como amigo e como um profissional com o qual posso trabalhar. Te desejo que neste dia tenha toda a felicidade e todo o apoio, e que esteja cercado por seus amigos e companheiros de profissão. Te mando um abraço da Espanha! Espero te ver em breve. Tome uma taça de vinho por mim! ¡*Salud!*

DORO PESCH (Doro, Warlock)
Querido Paulo! Parabéns! É ótimo ser um promotor por 30 anos! Você é incrível! E obrigada pela sua paixão, seu trabalho! "Keep on Rocking!" Nós todos te amamos. Estou de coração e alma com vocês! Tudo de melhor! Muito amor, Rock e Metal! Doro.

RICARDO CONFESSORI (Shaman, Angra)
Parabéns, Top Link Music, pelos seus 30 anos! Parabéns, Paulo Baron. Eu me lembro de quando conheci a Top Link. Foi em 1999, quando a Top Link levou o Angra na turnê do Fireworks para tocar na Cidade do México. Tive também a oportunidade de estar na primeira banda a trabalhar com a Top Link, na época com uma das bandas que eu fundei, o Shaman. Então a gente tem essa história juntos. Parabéns por esses 30 anos. Só de Brasil, já tem 20 anos com você. Top Link e Paulo Baron,

fica aqui meu grande abraço. Continue essa grande empresa, trazendo grandes shows para o Brasil, e que você tenha muitos anos ainda de sucesso. Um abraço!

LUIS MARIUTTI (Angra, Shaman)
Parabéns, Paulo Baron. Parabéns, Top Link, por esses 30 anos, e que venham muitos e muitos outros de sucesso a essa empresa que já está instalada no mundo inteiro. Que faz shows enormes de muitas bandas. E tem muitas bandas de sucesso no seu *cast*. E na qual tive o prazer de trabalhar. Então, muito sucesso, Paulo! Mais 30, mais 60, vai saber quantos, né, meu? Grande abraço! Valeu!

JEFF SCOTT SOTO (Sons of Apollo, Journey, Yngwie Malmsteen, Talisman)
Paulo Baron e Top Link Music! 30 anos neste negócio! Você trabalha com os melhores, e, irmão, você é o melhor! Eu desejo outros 30 anos, e que continue forte. Nos conhecemos há um bom tempo e tivemos a oportunidade de trabalhar juntos, e espero que a gente continue trabalhando juntos no futuro. Estou muito feliz e animado que você tenha chegado tão longe. Você é o cara, amo você! O melhor para a Top Link, e o melhor para você, Paulo. Vejo você em breve, irmão!

FELIPE ANDREOLI (Angra)
Tô aqui para parabenizar o Paulo Baron e a Deyse pelos 30 anos de um excelente trabalho, trabalhando com tantas bandas das quais eu sou fã e que me influenciaram. Em vários shows desses eu pude estar presente, dentre esses milhares de shows que vocês realizaram. Queria desejar de todo o meu coração todo o sucesso do mundo, por muitos mais anos. E que vocês continuem, não só trazendo esses shows internacionais incríveis para o Brasil e América Latina, mas também que continuem fazendo esse trabalho incrível que vocês fazem com o Angra, com o Malta e com todas essas bandas! Nós somos

muito gratos por todo o apoio e por todo o suporte que a Top Link dá pra gente, e desejo tudo de melhor para todos vocês!

CLAUDIO VICENTIN (Revista Roadie Crew)
Conheci o Paulo Baron no começo dos anos 2000. Ele começou a trazer shows internacionais para o Brasil e então posteriormente virou empresário do Shaman. A partir desse momento estreitamos laços e nos tornamos ótimos amigos. Na parte de shows, o Paulo sempre teve uma visão perfeita sobre a imprensa especializada e de como ela poderia ajudá-lo. Ele sabia quem era o jornalista fã e quem realmente fazia um trabalho sério. Por isso mesmo, a revista Roadie Crew estava sempre em seus shows com acesso total! Dessa forma criávamos cobertura de shows supercompletas, com matérias de bastidores e entrevistas exclusivas, tudo de maneira profissional e respeitando os limites colocados. E essa parceria continuou nas coberturas do Shaman, Brasil afora. Foram momentos de crescimento para todos: Paulo Baron com a Top Link Music, o Shaman como banda e a Roadie Crew como publicação. Hoje essa parceria continua sólida! Paulo Baron assumiu, há alguns anos, como empresário do Angra (banda de que fui *roadie* de bateria na primeira metade dos anos 90) e os colocou novamente no patamar que merecem estar, ou seja, em evidência. Obrigado, Paulo, pela visão e percepção do que era a Roadie Crew naquele momento, e do que ela poderia se transformar. E obrigado pelas ótimas viagens pelo Brasil com os amigos do Shaman, e pela amizade que dura até hoje de forma afetiva e honesta.

STEVE HOGARTH (Marillion)
Paulo, gostaria de desejar um felicíssimo aniversário de 30 anos da sua empresa, a Top Link Music, e muito obrigado por toda a sua ajuda na América do Sul. Somos muito agradecidos, eu e os membros do Marillion. Parabéns.

www.editorainverso.com.br

facebook.com/editorainverso

@editorainverso

(+55 41) 3254-1616 e 3538-8001